会衆主義教会パンフレット ❸

会衆主義教会の使命

会衆主義教会研究会
監修　水谷　誠

キリストに与えられた務めと希望

目次

はじめに

二〇一五年九月は日本の歴史の中でも大きな変化の時となりました。敗戦後七〇年、他国に対して武力行使を行わないという姿勢を保ち続けてきた歴史と努力を、反故にするかのような法律が成立してしまいました。しかも国民の多くが「理解できない」「反対である」と声を出し、数十万の人々が反対の行動を行い、大勢の憲法学者が「立憲主義に反する違憲法」だと指摘する中での暴挙でした。これは安全保障という問題だけではなく、「国民主権」「立憲主義」「民主主義」のなし崩しという事態をはらんでいる内容で、平和の主を救い主と信じる私たちにとって、看過できない歴史的な出来事だといえるでしょう。

この歴史的状況が、私たちにもう一度「今、教会に与えられている使命は何であるか」を考えさせる機会であることは間違いありません。そして、この時期に会衆主義教会パンフレット3を「会衆主義教会の使命」という主題で発刊できることは、主の導きによるのかもしれません。

この会衆主義教会パンフレット3は、三部構成になっています。

第一部は、同志社の誇る神学者の一人である大林浩先生に執筆をお願いし、ニューイングランドから新島襄によって同志社へ引き継がれてきた会衆主義教会の歴史を書いていただきました。この稿は、かつて「同志社時報」に掲載されたものを大幅に改訂したもので、初代教会から脈々と伝えられてきた教会という共同体の基礎の中に、「会衆主義教会」のスピリットがあることが描かれています。

また、この稿の執筆にあたって、大林先生から私たちへの激励のことばをいただきましたので、これもまた皆さまと共有したいと考え、コラムとして掲載をしています。

第二部は、同志社大学神学部で歴史神学の教授として指導してくださっている原誠先生による「我、ここに立つ」を掲載しています。大林先生が描いてくださった「会衆主義教会のスピリット」を引き継ぐものとして、今日的な日本キリスト教団の状況の中で、とりわけ合同教会としての歩みを進めていくときに、何を大切にすべきかを示してくださっています。

この稿は二〇一四年度の同志社大学神学協議会の主題講演原稿をもとに、加筆していただいたものです。この講演内容をパンフレットに掲載することで、「会衆主義教会のスピリット」をより広く多くの人々と分かち合えればと願っています。

　さて、会衆主義教会の歴史を押さえ、また現代の課題を検討したところで、第三部として、会衆主義教会のこれからの歩みについても一つの考察を行いたいと考えました。

　当初、会衆主義教会は信徒の教会ですから、信徒の中からどなたかに記してもらいたいと願い、会衆主義教会研究会としては、仙台北教会の川端純四郎さんに執筆をお願いできないかと企画を始めていたのですが、川端さんが体調を崩され、やがて生涯を閉じられましたので、この構想は断念せざるを得ませんでした。

　数名の方に書いていただいたり、多くの人の証を掲載するなどのことも検討をしましたが、幸いにも札幌北光教会の信徒で、バルト神学を学んでおられる一條英俊さんに原稿を依頼することができました。一條英俊さんは、忠実な信徒として札幌北光教会の教会役員の務めを担い、会堂改修事業での重要な務めを担ってこられた方であり、教団でも信仰職制委員として北村慈郎教師の「戒規問題」に深く関わってこられました。

　一條英俊さんが学んでこられたボンヘッファーやバルトの神学から、会衆主義教会のこれからについて鋭い問題提起をして下さっています。一條英俊さんの論考を、会衆主義教会のこれからを考える上で、一人の信徒がなした提言としてお読みいただければと願います。

　また、ご自身の関わりから教団の「戒規問題」についても触れておられます。戒規問題は教団という教会に関するきわめて重大な問題を含有していますし、実際に、あの戒規施行を契機として、いくつかの教会で理不尽とも思える戒規施行がなされています。ですからこの論考をして、教団とはどのような教会であるべきなのかを考えるための、一つの視座を提示するものと捉えていただきたく思います。

会衆主義教会という教会の宣教の過去、現在、未来を素描するパンフレットです。社会が大きく変動していくなかで、旧態依然とした教会に可能性を見いだすのがむずかしいことであるのには違いありませんが、こうした時代にこそ、現実を見据えながら聖書に立って、大胆に宣教の業を展開してきた会衆主義教会には、特別な使命があるはずです。それぞれの教会が主にあって、その使命に応え、希望を持って歩むために、このパンフレットが用いられることを願ってやみません。

二〇一五年十一月主日

会衆主義教会研究会一同

第1章　新島襄の思想的背景としての会衆主義キリスト教

大林　浩

（この小論は二〇〇七年、「同志社時報」一二三号に所載されたものに加筆したものである）

はじめに

近年、同志社神学部に付随して「一神教学際研究センター」というものが設けられた。それは、ここ六十年来燻り続けるパレスチナ問題、イスラエルとアラブの紛争がユダヤ教とイスラームとの文明の衝突、湾岸戦争に続くイラク、アフガニスタンの戦争がキリスト教とイスラームとの衝突と見られる可能性を踏まえて、そのどちらからも地理的、文化的、民族的に距離を持つ中立的な日本で、三大宗教の対話と相互理解を深め、和解への糸口を探ろうとする重要な企てである。文部科学省の肩入れに窺われるように、日本政府の期待も大きい。三者は確かに一神教としての共通の地盤を持つだけでなく、歴史的にも繋がっている。キリスト教はユダヤ教を母体としており、イスラームは両者を共に背景としている。しかし、一口に一神教と言えども、それらの発祥と展開を見れば、それぞれが特異な性格を持っていることがわかる。

世界の三大唯一神教――会衆から始まったキリスト教

前一四世紀にモーセが民を率いてエジプトを脱出し、シナイ砂漠流浪の最中にイスラエルという新しい民族国家を誕生させた。そのイスラエルの宗教が後にユダヤ教となったのだが、それは単に宗教と言うより新しい国造りであった。従って十戒に淵源するモーセの律法は、宗教祭儀はもとより、民法、刑法、商法から食生活、性生活の細にいたるまで、イスラエル民族国家の全般に亘る規範となった。いわば六法全書の様な役割を果たす。法なしには国家社会は成立しないが、その法を神との「契約」に基づくものとして超越性を与えることによって、権力者たちの恣意や乱用から守る。モーセにおいても、後のユダヤ教においても、宗教と国家とはこのように不可分のものとなる。日本語で「まつりごと」が宗教をも政治をも意味していたごとく、これは祭政一致の形態に準ずるものである。イスラエルが最終的に国土を失い、政府や為政者をもった国家性（statehood 組織や権力構造としての国家性）を失って、諸外国の寄留者となっても、世界中に離散した形で、二千年このかたユダヤ人、ユダヤ教は国民国家性（nationhood 特定の文化と伝統を保持した民族性）を失わずに存続して来た。それ故にまたどの社会にも完全には溶け込めないでいる。

モーセからほぼ二〇〇〇年のち、後七世紀にムハンマドは、同様に全く新しい宗教社会を始動させた。イスラームは単に宗教ではなく、ムハンマドの後継者たち（カリフ）を政治的指導者として新しい社会の礎を築き、その支配圏を拡張させていった。メッカからダマスコに中心地を移したウマイヤ政権はイスラーム勢力圏を目覚しい勢いで世界大に拡張させ、都をバグダッドに移したアッバース王朝は世界の文化水準の先頭を切るものまでにイスラームを高めた。ムハンマドのクルアーン（コーラン）は神の言葉と崇められ、それはシャリーアという法典を生み出し、これがイスラーム社会の全般に規律を与えた。宗教と政治とはここにおいても不可分である。今日のイスラエルがユダヤ教国家を公然と名乗り、イランやサウジアラビアがイスラーム国家と唱え得るのもその故である。イランはシーア派、サウジアラビアはスンニ派をそれぞれ代表するが、両者の違いや抗争も、創始者ムハンマドを誰が継ぐべきか、親族の者か適材者かをめぐっての権力争いがその原因で、教理的なものではなかった。即ち国家的政治的分裂で、純粋な信仰の違いという宗教的なものではなかったのである。タリバン政権下のアフガニスタンはムハンマドの原初に立ち返り、古代のシャリーアに基づいた社会を実現させようとする、最も先鋭化した企てである。

註：この点で、タリバンを後に論ずるプロテスタント・キリスト教のピューリタンになぞらえる者もいるが、タリバンの「原初へ帰れ」は古代の法シャリーアを現代に適用しようとするものであって、決して魂の内奥の信仰に関わるものではない。「法」は社会の進歩成長によって変わるものであり、新しい社会に古い法を押しつけることは出来ない。魂の内奥に関わる神信

仰には永遠なる次元があるが、法はそうではない。一国の憲法でさえ絶対視、永遠視することは危険である。女性の社会進出などの進歩した社会に対して、思いやりから女性をひたすら家族内で保護するという形で社会進出を阻む古代の法を適用する企ては、決してピューリタンの「原初に帰れ」と同じではない。

トルコ、シリア、エジプト等、他の国々が己をイスラーム国家と定義づけていないのは、近代ヨーロッパのモデルに従っているからであって、内容的、実質的にはイスラームとの深い繋がりを保っている。

こうしたユダヤ教やイスラームと比べるとイエスの宗教は全くその性格を異にしている。キリストと呼ばれるようになったイエスには、新しい国家を創設する必要はなかったし、その意図もなかった。イエス自身が法典を布いたわけでもなく、キリスト教には法典の必要は長く存在しなかった。イエスの宗教は、神信仰に立ち帰ることによって、生の根本的転換を人々に迫るものであって、その転換は自我の精神の内奥に救いをもたらし、また外的には愛と自己犠牲をもって他者に仕える新しい人倫を生み出すものであった。こうして「新人」となった人々によって形成される「神の民」、新しいイスラエルをイエスは始動させたのである。古代イスラエルの一二部族になぞらえて一二人の弟子たちを募ることから始まったが、彼らはイエスの呼びかけに応えた人たちであり、そこに形成された共同体はエクレシア、いわば「呼び集められた」有志たちの集まり、即ち「会衆」(Congregation) であったのである。一般に「教会」と訳されているエクレシアはこのように呼びかけに応えた「有志」たちの共同体である。キリスト教はユダヤ教、イスラームと異なって、「呼びかけ」の宗教、「宣教」の宗教であり、そこに形成された共同体は「この世に在って」、この世への責任と任務を担いながらも、「この世に帰属しない」、神の民の共同体であった。この世に仕えても、この世を支配しよう、ましてや牛耳ろうなどとはしない神の民であった。この共同体はユダヤのような民族国家をも、ローマのような帝国国家をも超えた、神の「会衆」であった。

会衆主義キリスト教は、このように既にイエスの時代に見られる形である。キリスト教は古代ローマ帝国の支配下で三〇〇年間このような純粋な形、国家でない共同体、権力を持たず、むしろ虐げられ、迫害されながら、ひたすらこの世に仕える義務のみを引き受けた自由人の共同体として拡がって行った。今日でも、その時代のキリスト教を真のキリスト教だと主張する人たちは少なくない。

国家と結びついたキリスト教——ローマ時代から中世、そして宗教改革へ

キリスト教がこうして拡がって行った地中海世界を長く支配したローマ帝国も、やがては疲弊

し、東西ゴート族等の圧力を逃れ、ローマ市を捨てて首都を東のコンスタンティノープルに移した。広大すぎる帝国を、もはや軍力だけでは統治しきれなくなった時、帝国内の多様な民族の間にキリスト教信仰は既に一つの共通の絆となり、広く、深く人心に染み込んでいた。ローマ帝国はこれを採択して、もう一度帝国の建て直しを図った。これが、四世紀初頭のコンスタンティヌス大帝によるキリスト教公認である。この時はじめて、キリスト教は国家との繋がりを余儀なくされ、ユダヤ教、イスラームと同様の祭政一致に近い状態を見ることになるが、これをもってキリスト教の堕落と見る人たちも少なくない。しかし、それも帝国によるキリスト教の採択、利用であって、イスラームのように宗教そのものが帝国となったのではない。

ローマ帝国は東のビザンチン帝国に変貌して、オスマン・トルコに征されるまで、その後も長く存続しはしたが、ローマ市を中心とする本来の帝国は五世紀に崩壊してしまった。今日我々がいうヨーロッパは、こうして支配者を失い、古くから高度な文化を栄えさせたギリシアやローマなど地中海側からは、アルプス裏側の「蛮族」と見なされてきたゲルマンの諸族によって寸断された世界となってしまった。帝国が残していった、その広大なヨーロッパを預かる役目を引き受けて大きくなったのが、ローマ・カトリックのキリスト教である。従ってカトリックはローマを中心とした宗教組織となり、国家のような階層制度（ヒエラルキー）を設け、ローマ法に代わる教会法（Canon Law）を制定し、皇帝に代わる教皇が主導権を握って、この真空状態を埋め、ヨーロッパを混乱から救ってきた。カトリック教会は世界的（帝国的）組織となり、残されたヨーロッパを管理すべく、宗教的のみならず政治的支配権をも兼ね備えた。そして、それを正当化するために、四世紀のコンスタンティヌス大帝から帝国を委託されたとする文書さえも後に捏造して、後生大事に教皇庁に宝蔵保管していたのである。武力に訴えなければならない時には大抵諸侯の軍力を借りてはいたが、一時は教皇庁自身が軍力を備えたこともある。キリスト教の堕落と人が言うのも無理はない。

ローマ・カトリック教会は文字通りヨーロッパの独占宗教となる。一地域には一つの教会、住民はすべてがその教会に属するという、「地域教会」(parish church) という形態がとられる。そして、教会が町役場のように冠婚葬祭を一手に引き受け、克明に記録することによって、人口管理に当たる。いわば帝国亡きあとの帝国の役割を果たす。そうした多くの教会が一つの司教区をなし、司教 (bishop) が広大な範囲を管理統率する。司教区はいわば地方行政を司るものとなる。何世紀にもわたって、寄進などで所有地を拡張して来た教会の司教たちは富も影響力をも増し、従ってヨーロッパ各地の司教たちの任免権をめぐって、教皇庁と諸侯たちとが争いあったものである。こうした宗教独占の状態の最中、教皇庁は「救い」というものを免償状で購入しうるという制度でもって、莫大な基金を募り、それでもって一六世紀初頭、今日もそびえるローマのサン・ピエトロ寺院を構築した。これが宗教改革の導火線とならないはずはない。

一五一七年にドイツのマルティン・ルターが改革の狼煙をあげたが、神聖ローマ帝国を背後に控えた教皇庁に向かって改革を断行し得ようはずがない。ルターがザクセンのフリードリヒ賢侯を頼りにしたのも無理はない。ルターの宗教改革によって生まれてきたプロテスタント・キリスト教はルーテル教会と呼ばれるようになったが、それは、フリードリヒを始め、ルターが呼びかけたドイツ諸侯たちの領地の「領邦教会」となった。ルーテル教会はドイツから北欧に拡がったが、ことごとく領邦教会、国教会となった。宗教改革といえども、その改革は神学思想と祭儀に留まるものであり、教会と国家との係わりに関しては中世のカトリックと何ら変わりはない。初代イエスのあの「会衆の教会」、「宣教」を通して「呼び集められた」有志の教会はどこへ行ったのか。この世にあり、この世に仕えながらも、「この世に帰属しない」あのエクレシアはどこへ行ったのか。

宗教改革はスイスのチューリッヒにおいてもツヴィングリによって慣行され、それが「改革派教会」を、ジュネーブにおいてはカルヴァンによって、プロテスタント陣営においては最も広く影響力を持つようになった「長老派教会」（プレスビテリアン）を生み出したが、そのどちらにおいても教会はそれぞれチューリッヒ、ジュネーブというカントン（市あるいは、郡のようなもの）の議会に支えられ、その議会の権限によって遂行されている。宗教が政治権力を借りて改革を遂行する。これはイエスの選んだ道でもなければ、イエスの呼び集めた共同体でもなかった。

宗教改革の荒波が大陸から英国に押し寄せてもこのパターンに変わりはなかった。

英国の宗教改革はまずもって王室の婚姻問題に端を発する。一六世紀の熱心なカトリック王ヘンリー八世が男子の世継ぎを得んがために次々と后を換えていく。離婚を認めないカトリックから、離婚に関して寛容なプロテスタントへと乗り換える。ヘンリー八世から、その晩年に生まれた幼い世継ぎのエドワード六世へとプロテスタント・キリスト教は受け継がれたが、離婚としてではなく結婚の無効宣言（Annulment）というこじつけで、父ヘンリーに最初に棄てられた母キャサリーンと共に日陰で育ったメアリーが、その次に王位につくと、父ヘンリーへの怨念から、イギリスを元のカトリックへと戻す徹底的な反対改革を敢行した。治世者交代ごとに宗教が代わり、国民は翻弄された。そして転換ごとにカトリック側、プロテスタント側の多くの教職者や信徒たちが迫害され犠牲になった。そこで英才エリザベス一世が考え出したのが、そのどちらでもない「英国国教会」（Anglican Church）であった。カトリックの形態と様式、それにプロテスタントの神学と内実とを兼ね合わせた折衷式の教会となり、ローマから縁を切って独立した。イギリスがスペインを陵駕して、まさに世界一の国力を誇る海軍国へとのし上がらんとするときに、宗教ごときに国家の安寧を乱されてはならぬという政治的な決断であった。かくしてイギリスの宗教改革も、宗教的な動機というよりも、政治的動機から来る国家の処置となった。

北の隣国スコットランドも英国に倣ってローマ・カトリックからの独立を敢行するが、彼らが採択したのは、ジョン・ノックスがジュネーブから持ち帰った長老派のキリスト教であるし、これもジュネーブにおけるように、いや、もっと徹底して、スコットランドの議会が採択した「国教」となった。

英国ピューリタンに端を発する会衆主義

王権が特に強調される英国において、一旦アングリカンが国教となり、国王がアングリカン教会の首長となると、それ以外のキリスト教徒は弾圧をうける。「国教」なるものを、キリスト教と国家との在るべからざる癒着、宗教の腐敗堕落だと考える純粋なキリスト者たち、彼らは英国の教会を、イエスの意図と聖書の基本へと戻そうとした。通称ピューリタン（清教徒）と呼ばれる人たちである。彼らは英国国教会の圧政下で特に苦しみ、多くが犠牲となった。そのピューリタンたちの一派に、独立派（Independents）または会衆派（Congregationalists）を唱える人たちがいた。前述の如く会衆主義はイエスの昔に淵源するが、プロテスタント・キリスト教の一派として知られるようになったのは、このピューリタン運動の時からである。

ピューリタンたちはアングリカンの圧政に対して、焦点を聖職者の衣装の問題や聖餐式においてパンや葡萄酒に向って跪くこと、十字を切る仕来たりや、結婚式での指輪の使用などに集中して抗ったが、これらは決して形式に拘った表皮的な争いではなく、教会が国家の手先になって人民を統御する現実の表れだとして死闘した。

英国には教会の自立性を死守し、国家権力に屈しない伝統が古くからあり、ピューリタンたちはその精神を受け継いでいたのである。彼らは反骨精神に溢れ、剣を恐れぬ神信仰に貫かれていたが、それは既に彼らの先達、十一世紀のアンセルムス、十二世紀のトマス・ベケットが範を垂れるものであったのである。イギリスがまだローマ・カトリックの時代、アンセルムスは十一世紀にカンタベリーの聖堂を預かり、大司教として教会を代表していたが、その神学的思索を通して不朽の貢献をなし、スコラ学の礎を築いただけではなく、当時の国王ヘンリー一世の圧力と戦って教会を守り抜いた人物である。彼はヘンリーからも、また彼の前任者ウィリアム・ルーフスからも敵視され、二度に亘って追放される憂き目をみた。ヘンリー一世はあのノルマンの征服者ウィリアムの四男で、自分の軍資金の為に教会の財力を狙い、教会を支配しようとしたが、教会が国家の奴隷とならぬために、アンセルムスは剣一つかざすことなく教会の自立性を死守したのである。一一世紀のアンセルムスに続いて、一二世紀にはトマス・ベケットがやはり同じカンタベリーの大司教として教会を守りぬいた。アンセルムスが戦い抜いたヘンリー一世の孫に当たるヘンリー二世もやはり教会を我が物にしようと試みた。トマス・ベケットは、教会人になる以前には、若いときから国王ヘンリー二世と親しく、ヘンリーの腹心として、国王が最も信頼する王室の人物であった。ここでも、国王は教会を手中に収めるために、自分の息の掛った人物を教会に送り込む。そして大司教にまで仕立てたのであるが、一旦教会人となったベケットは教会や宗教が国家権力の道具にされることをよしとしなくなった。国王の目論見で送り込まれたベケットが、信仰というものが純粋でなければならぬと、宗教の自立性の重要さに目覚めたのである。今日のカンタベリー大聖堂の聖壇の脇には「この場所でトマス・ベケットが暗殺された」という標識と、その場所を指し示すモダン・アートが飾られているが、国王ヘンリー二世が差し向けたとされる騎士たちによってその場所で血を流したのである。これらは一六世紀から一七世紀初頭にかけてのピューリタンたちにとっては、彼らの反骨精神を励まして余りある勇気の源泉であった。

オックスフォード大学は主に国教アングリカン（体制側）を、ケンブリッジ大学はピューリタン（反体制側）を支持する傾向にあったことはよく知られている。一六二〇年に最初のピューリタンの一団がメイフラワー号でマサチューセッツのプリマスに漂着し、その十年後に別のピューリタンの一団がボストンの町を拓くと、即座に牧師養成のために川向こうにハーバード師による大学を建てた時、その町をケンブリッジと名づけたのもその故である。ピューリタン弾圧は長く続き、多くの犠牲者を出したが、ピューリタン側も力を増し、革命を通して一時は王制までも覆す（一六二〇—一六四〇）ほどの勢いであった。一口にピューリタンと言えども、国王チャールズ一世を処刑し（一六四九）、英国を一時王国から共和国へと改造しようとしたピューリタン革命の首謀者オリバー・クロムウェル（一五九九―一六五八、やはりケンブリッジの出身）のように武力に訴える過激派もいれば、不撓不屈の精神にも拘わらず武力に訴えることをせず、しかし、その信仰の純粋さの故、犯罪者として追われても信念を揺るがさなかった会衆派のような人々もいる。彼らも所詮英国人であり、英国に対する忠誠を崩す所までには至らなかったが、母国を愛することと国王や政府の言いなりになることとは別問題であった。会衆派ピューリタンたちの中でもケンブリッジ大学出身のロバート・ブラウン師（一五五〇―一六三三）はその先鋒を切って、会衆派キリスト教の信念を数冊の文書で公にし、同世代のヘンリー・バロー、ジョン・グリーンウッド等は当局によって信仰のために絞首に処せられた（一五九三）。ブラウンによれば、キリストを心から信じ、キリストにおいて互いに結ばれる有志の集まりのみが教会であって、その会衆が牧師、教師、長老その他の働き手を選び、神のために己を自主的に運営していくのである。自由、自治、独立の精神はここにはっきり示されている。

分離派の会衆主義キリスト者たちはジョン・スミス（―一六一二）やジョン・ロビンソン（―一六二五）等の指導者に率いられ、大挙してオランダに難を逃れた。ここにおいても彼らの自由、自治、独立の精神を一層強化する伝統に励まされたのである。オランダはそれまでのヨーロッパにおける唯一の自由の温床であった。ヨーロッパの全ての国々において、国教会ないし領邦教会という形で人民の宗教は為政者ないし政府によって統制されていたが、オランダだけは自由を謳歌する伝統をもっていた。スイスの宗教改革者ツヴィングリの改革派教会がカントン議会の制定によるものであったことは前述のごとくであるが、それを良しとしない徹底した自由人がそこにいた。信仰は神の召しに対する応答への決断、洗礼はその決断のしるしであり、この世の権威筋が授けるものではない、かりにそれが政府や議会でなくて教会であっても――自己決断の能力も自覚もない幼児に、権威筋が洗礼を押し付けることは信仰の本質に反するとして拒むアナバプテストたちは、己の幼児洗礼を無効とし、成人して再洗礼を受けることに固執した。彼らはチューリッヒの教会からも町議会からも迫害を受け追放された。中世カトリックの異端者狩りに勝るとも劣らない残虐さでもって、プロテスタント・チューリッヒ改革派はアナバプテストの指導者の一人、フェーリクス・マンツを「そんなに洗礼をもう一度受けたければ、この川に浸かれ」と、チューリッヒのリマット川で溺死の刑に処したのである。一五二七年のことである。そしてコンラート・グレーベルなど他の指導者たちは焚刑《ふんけい》に処された。カルヴァンのジュネーブ長老派の教会も神学者ミカエル・セルヴェトゥスをキリスト論の異端論者として火あぶりの刑に処している。これらは、教会がカトリックといえプロテスタントといえ、為政者のごとくに振舞うヨーロッパの拭い難い伝統であった。こうしてヨーロッパのすべての国々から追われ、流浪を余儀なくされたアナバプテストたちに避難と安住の地を提供し、声無き民に声を与えたのがオランダであったのだ。オランダでアナバプテストの信仰に、神学的な声を与えて世に訴えたのがメノー・シーモンスであり、そこからアナバプテストの一派としてメノナイト派が誕生した。アナバプテストたちは、自分たちを迫害し追及する人たちが窮地に陥ったときには、彼らをも助けるという、「汝の敵をも愛せよ」のイエスの教えを、文字どおりに実行する人たちであった。

新島襄へと繋がるニュー・イングランドの会衆主義

そのような自由信仰の地で、その自由、自治、独立の精神を一層強められ、英国への帰還を望みつつ待機していたイギリスのピューリタンたちだが、英国での弾圧は緩和されず、それ故にアムステルダムやライデンを発って、自由を求めて「新大陸」へ向かう。メイフラワー号で彼ら清教徒たちが、アメリカ大陸のプリマスに上陸した（一六二〇）ことはあまりにも有名である。

会衆主義キリスト教は徹底して各個教会の自由と独立を守り、国家から、また教会組織内での上層部（司教や監督や本部等）から、更には教会連合の管理局などからの拘束、統制、干渉を一切拒む。カトリックはもとよりプロテスタント諸教会のすべてが、ヨーロッパでは国教会あるいは領邦教会として出発しており、国家が法でもって統制を図るごとく、教条（信仰告白文とか信条）でもって統一を図ろうとする傾向を持つが、会衆派キリスト教は教条を好まない。信条を作成することはあっても、それは人々に指針を示さんがためであって、統制し拘束するためのものではない。これは清教徒ロビンソン師も述べたように、神は聖書を通して絶えず新しく我々に語りかけるという信念、真理は永遠であっても、人間がそれを捉えることにおいてはいつも暫定性が伴うという信念からである。特定の氷結した教条で人を拘束することを好まぬ謙虚さからである。

会衆派のキリスト教は、教会集団が統制を図ろうとして、教規や教憲を振りかざして各個教会を裁くなどという行為を言語道断と考える。法や規則を振りかざすのは国家のやることである。国家のやること、政府のやることは必ずしも正しいこととは言い難いが、そうする権力を有していることは確かである。教会集団がかくも国家のごとく振る舞い、各個教会あるいはキリスト者個人を裁くことさえ、教会にあるまじき振る舞いであるのだが、ましてや罰を加える、処分するなどということは、イエスに呼び集められたエクレシアのすることではない。救いの言葉を宣べ伝え、教会はひたすら人々の救いのために「仕える」のである。罪人の足を洗ったイエスを思い出すべきである。道を踏み外し、群れからはぐれた子羊を、羊飼いとしてのイエスは裁いたり、罰したりするであろうか。愛をもっていたわり、抱きかかえるであろう。道を踏み外した「放蕩息子」を父は涙をもって抱擁し労わる。裁いて勘当したりしはしない。

ニューイングランドに新天地を見出したピューリタンたち、英国でのアングリカンの圧政から逃れ、自分たちの信仰を自由に表現できる境遇に至ったピューリタンたちは、その信仰生活の純粋さを保ちたい一心から、たしかに一時はそれ以外の教派を許容しないという偏狭さをみせたが、最終的にはアメリカという土壌がその偏狭さを許さなかった。しかるにそこから新しい信念をもって分離する人たちを生み出していく。ニューイングランドに到着した会衆派は、アメリカのキリスト教になってもロジャー・ウィリアムズ等、徹底して信仰の自由を信奉する人たちの分離を可能とし、アメリカにおけるバプテスト教派をマサチューセッツすぐ隣のロードアイランド州で誕生させたのである（そして、ゆくゆくは、会衆派のアンドーバー神学校とバプテスト派のニュートン神学校とが合併して一つの神学校をも産み出したのである）。

アメリカという土壌、そこは古来の伝統とか出来上がった支配や管理の構造も体制もない土壌であった。そこは、ヨーロッパでの古い宗教的絆も所属も失ってしまった移民たちの社会であった。従ってアメリカは、教会が人々を再び新しく「呼び集め」なければならない土壌、イエスのように「有志」を集めなければ教会を形成することのできない土壌であったのである。こうして会衆派のみならず、かつてはヨーロッパで国教会であった他のすべての教派も、会衆派を見習って、「呼び集められた」教会とならざるをえないような土壌だったのである。

会衆主義キリスト教は、神の主権を徹底して強調するカルヴァンの厳格な神学と、いかに迫害されようとも国家や地方政府からの圧力、教会組織の干渉を拒み続けた大陸のアナバプテストの自由信仰とによって支えられている。しかし、アナバプテストたちは、その後裔のアーミッシュやメノナイト派にみられるように、長い迫害と苦難の経験から次第に厭世的、逃避的になり、現世社会に見限りをつける方向に向かったが、会衆派とバプテスト教派は社会に対する責任感を失わず、世俗社会の権力や干渉は拒んでも、社会への奉仕は忘れなかった。イエスの人倫が愛と自己犠牲の人倫であったことを覚え、社会的責任を最も強く感じるキリスト教として活躍し続けたのである。一九世紀から二〇世紀にかけて、「社会的福音」という運動を起こしたのも、バプテスト派と会衆派である。この運動の初期の主導者ウォシントン・グラッデン（Washington Gladden 1836-1918）は、オハイオ州コロンバスの会衆派教会の牧師であっただけでなく、ニューヨークからシカゴへと帯のように続く北部の工業地帯の真ん中オハイオで、勢い中産階級のみに注目しがちな教会をして、労働者たちの苦境に目を向けさせ、積極的に労働組合の設立をうながす運動に献身したのである。その労働者階級に注目することを通して、黒人たちの差別の問題に対しても広く教会人の目を開かせるために戦ったのである。グラッデンが実践の戦士なら、ウォールター・ラウシェンブッシュ（Walter Rauschenbusch 1861-1918）はその運動の理論家であった。ラウシェンブッシュはニューヨーク州北部の工業都市ロチェスターでバプテスト教会の牧師を務める傍ら、北部バプテスト派のロチェスター神学校の教授を務め、社会的福音の実践だけでなく、その運動において最も影響力のあった神学書を世に出した。彼の*A Theology for the Social Gospel*（1917）はこの運動を支える最も有名な書籍となったのである。ちなみに、それは百年後の今でも広く読まれている。福音は社会に仕えるもの、教会も社会に仕えるものでなければならない。労働者たちのためのキリスト教、資本主義社会のかもし出す社会悪や富の不均衡と戦う教会、人権を尊び、黒人解放、公民権運動促進の先鋒を切ったキリスト教と、会衆派、バプテスト派の残した遺産には注目すべきものがある。新島襄が持ち帰った伝統、その上に立てられた同志社のキリスト教は、こうして近代日本に大きな貢献をもたらすものとなったのである。同志社、特にその神学校が近代日本の社会事業、慈善事業の発展に目覚しい貢献をしたことは既によく知られていることである。同志社の神学部自体が己れの過去を調べればよく分かる。明治、大正、昭和の社会事業家、廃娼運動家、慈善事業家の多くを同志社は輩出している。同志社の神学校は日本における「社会的福音」の発祥地だったのである。

「皇帝のものは皇帝に神のものは神に」
（マルコ 12:17）

第2章

「我、ここに立つ」――日本基督教団の信仰告白の制定から見えてくるもの

同志社神学協議会・講演記録
原　誠

はじめに

教団は、戦後の一九五四年の第八回総会で「信仰告白」を制定した。この時代に、どのような理由によってどのような性格の信仰告白が制定されたのか、制定にいたる事情を振り返りながら、そもそも「信仰告白」とはなにか、どのような意義と重みをもつものなのかについて検討し、これらのことから見えてくるものをともに考えたい。使用する資料、文献は、特に断らない限り『日本基督教団史資料集』（以下、『資料集』と記す）である。

1、日本基督教団の成立過程

今回の講演の主題は教団の信仰告白の成立である。その前提としてまず日本基督教団の成立過

程について歴史的に確認しておきたい。教団の成立は一九四一年六月であるが、この成立までの動きをスケッチしておく。最初に一九二〇年代の日本基督教連盟による教派合同運動があった。日本では在日宣教師が世界各地で進行している教会合同運動とその成立の影響を受けて連盟に教派合同促進を申し入れた。しかし連盟はこれに対して当初は慎重な態度であった。それは教派を合同して一つの教会を形成することについては、当然のことながら信仰職制上の一致が必要になるからである。そもそも連盟にはそのような「権能」がなかった。その後、この議論は一進一退を続け、二九年には「日本基督教諸派合同基礎案」が発表された。これはきわめて簡単なもので、予想し得る信仰職制上の争点はすべて回避されていた。連盟は三八年一月に「日本基督公会規約（試案）」を作成し各教派に送ったが、これに対し信条を持つ教会である日本福音ルーテル教会はアウグスブルク信条にある教会一致の原則に反するとして参加しないこととし、日本基督教会は信仰職制上の一致を持つ教派合同教会を実現することの困難さを指摘して、諸教派連合組織としての教会、教会同盟を結成した上で協議すべきとした。このように各教派の合同への動きが模索されたものの足並みは揃うことなく、一九三九年の段階では連盟自体の合同運動は停滞していた。『資料集』では「停滞」と記しているが、事実上は「頓挫」していたと言うべきであろう。

この時代状況について記すと、日本の社会では一九三五年に美濃部達吉の「天皇機関説」が問題とされ、三七年の「国民精神総動員運動」、三八年の「国家総動員法」の公布などにみられる戦時体制の確立と実施があった。また三八年三月には大阪憲兵隊による一三条の質問状が出され、三九年三月に「宗教団体法」が可決成立していた。

この状況の中で「停滞」、「頓挫」していた教会の合同運動は、一九三九年三月に宗教団体法が可決成立したことを受け、四〇年八月以後急速に動き出した。それは社会全体の政治体制の強化、すなわち戦時体制の強化とともに、東京憲兵隊による救世軍幹部の取り調べ事件（四〇年七月）や宣教師をスパイ視した新聞報道（四〇年八月）があったからである。「資料」にあるように、この時は反対運動は起こらず、逆に歓迎する向きもあった。

文部省は、当初、教会数五〇以上、信徒数五〇〇〇人以上で一つ教団を認可する方向を示したために、この基準を満たさない小教派の教会は、近似教派の教会との合同をすすめた。一方でこの際に全教派の合同を志向する動きもあった。この厳しい局面ですべての教会が生き延びるための方策と考えられたからである。

一九四〇年は「皇紀二六〇〇年」であった。社会全体が一年間を通して「奉祝行事」をおこなった。新体制の確立をスローガンに従来の組織を解体し、戦時目的に翼賛していく動きであった。四〇年一〇月に青山学院で開催された「皇紀二六〇〇年奉祝全国基督教信徒大会」では、二万人が集まり「吾等ハ全基督教会合同ノ完成ヲ期ス」と宣言した。したがって諸教派は宗教団体法という国家の法に拘束されてやむなく教派合同に赴いたのではなく、社会の風潮の中に鼓舞されて勇敢に合同に邁進したのであった。

文部省はこの動きを前向きに受け止めて、単一の教会の成立を指導した。それはプロテスタント諸教派の大合同が実現すれば、その宗教統制と動員が容易になるからである。組合教会、ルーテル教会はブロック制を、日本基督教会その他は信条による完全合同を主張したが、結局、合同教会は宗教団体法に準拠して統理者制の機構を取り、ブロック制を経過規定とすることで意見の一致をみた。このとき先に採択された信仰告白は撤回された。また日本聖公会は歴史的監督制に立つ教会として準備委員会から離れ、救世団（救世軍）、基督友会もこれに加わることになった。わずか半年の間に、準備委員会は教派合同に関する信仰職制問題に関する論議を回避し、部制を取り入れることとしたのであった。こうして日本基督教団が成立した。

ここで指摘しておきたいことは、教団が成立して認可されたときには「第五条　本教団ノ教義ノ大要左ノ如シ」として、「イエス・キリストニ由リテ啓示セラレ聖書ニ於テ証セラルル父・子・聖霊ナル三位一体ノ神ハ世ノ罪ト其ノ救ノ為人トナリ死ニテ甦リ給ヘル御子ノ贖ニ因リ信ズル者ノ罪ヲ赦シテ之ヲ義トシ之ヲ潔メ永遠ノ生命ヲ与ヘ給フ／教会ハキリストノ体ニシテ恩寵ニ依リテ召サレタル者礼拝ヲ守リ聖礼典ヲ行ヒ福音ヲ宣伝シ主ノ来リ給フヲ待望ムモノナリ」とされたこと、「第六条　本教団ハ旧新約聖書ヲ以テ所依ノ教典トシ使徒信条其ノ他ノ信仰ノ告白ニ準拠ス」とあることである。つまり教団が成立したとき「信仰告白」はなく「教義ノ大要」を示すのみであった。このことからも日本基督教団の成立は、内発的な動機を持ちつつも、宗教団体法の成立に伴う社会状況の変化に拠るものであったといえる。

2、宗教団体法の性格

合同教会が成立する場合、当然のことながら一つの教会を形成しようとするのであるから、そのためにどのような教会となるかという見通しにおいて一致すること、すなわち信仰職制の一致が必要であるのは当然である。すでに述べたように合同を志向しながらもそれが一致しなかったのは、このような議論が必要だったからである。結局、教団が成立したのは、政府の戦時体制を強固に確立して宗教の分野においても政治体制に動員するために制定された宗教団体法によるものであった。他方、教会は時代の動きに連動してこれに対応した。宗教団体法の法としての性格がどのようなものであったかについては、「資料」を参照していただきたい。教派教会の中には、これが教会を保護するものだとして歓迎する向きもあった。しかし、この法が対象としたのはキリスト教だけではなく、仏教の各宗派、教派神道を含むすべての宗教であった。すべての宗教の統制を目論むそれは、いわば弾圧法であった。そしていずれにせよ、宗教団体法は敗戦直後の一九四五年一二月に治安維持法などとともに廃止された。

3、各教派教会における信仰職制、教職制度と信仰告白の意義について

それでは、各教派が信仰職制の面においてどのような教会論を有していたのかをスケッチする。すでに指摘したようにルーテル教会、日本基督教会は自らの教派としての教会論、そして教職論について明確な主張を持っていた。

以下、簡単にそれぞれの教派の教会論、信仰職制、信仰告白、教職の位置とその養成について説明する。

（1）日本基督教会は長老派・改革派の教会である。全体教会としての「大会《だいかい》」は「信条」を持つ「信条教会」であり、この下に教区に該当する「中会」がある。この「中会」の構成員としては、ともに「按手」を受けた「宣教長老」（牧師）と「治会長老」（信徒）がおり、「中会」において「長老会」を組織し、「中会」内のいわゆる教会である「小会」に対して責任を負う。こうして代議制によって営まれる「中会」の強力な指導力がこの教派教会の特徴である。教職は神学校卒業後、「中会」の試験を受けて、教職ではない教師試補、教師候補者となり、「大会」の試験を受けて牧師となる。

この時期に起ったことに触れておきたい。日本基督教会と（在日）朝鮮基督教会との関係である。教団成立の前に朝鮮基督教会が日本基督教会に加入を申し入れ、その条件を示すように求めたところ、浪速中会は⑴日本基督教会の信条に服すること、⑵日本語を使用すること、⑶教役者の再試験を実施することを決め、これを伝えたとされる。これは日本基督教会の憲法規則にはなかったことである。ちなみに戦後の占領軍による宗教団体法の廃止の後、在日大韓キリスト教会は教団を離脱している。四五年一二月、最も早い段階での離脱である。

（2）メソジスト教会は、その源流であるイギリスの国教会（聖公会）の組織を規範とし、教派教会の創始者であるウェスレーが起草した「宗教箇条」をもち、最高の責任者を監督とする。

当時の日本には東西二人の監督がいた。この教会は「信条教会」ではない。教会の牧師は定任せず任地は監督が指定する。このように監督職の責任と権限は重大であった。教師は神学校を卒業後、教師試補となり、二年で執事、さらに二年で教職となる。

（3）日本組合基督教会は、会衆主義の教会、すなわち各個教会主義をとる。

この教派教会にとって全体教会の意味は、キリストを首として自由自治を唱える各個教会が一つの契約によって相互に結ばれた連帯共同体というものであり、その組織を構成する各個教会には厳しい条件が求められた。各個教会が信仰告白を持った。教職には伝道師と牧師の二種類がある。神学校卒業後二年の実地伝道、あるいは五年の伝道師としての経験を経て、部会の推薦を受け自らの信仰告白を表わし、所属教会からの推薦状をもって、牧師になることができる。

バプテスト教会は会衆派の伝統を持つが、幼児洗礼を認めず、浸礼によって洗礼を授けることが特徴である。

教団にはこのような異なった教派教会の制度を、宗教団体法によって一つの合同教会として、信仰職制上の一致を生み出していくことが求められた。しかし政府が教会に求めたのは、教会内部の信仰職制上の一致ではなく、戦争遂行のために円滑に機能する教会となることであった。

4、宗教団体法下にある教団の「教義ノ大要」

宗教団体法は、宗教団体の国家統制を図るための法律であり、統制法、弾圧法であった。国内の仏教を含むすべての宗教教団は、これによって戦争を遂行する国家の行政の下部機関となった。これは宗教団体を天皇制国家に忠実なものとして統制・動員し、それにふさわしくないと関係当局が判断したものには、高圧的な威嚇と容赦のない弾圧を可能にした法規であり、「統理」は「勅任官」となった。

戦時下の教団の諸活動についての詳細についてはここでは触れない。『教団年鑑』の「教団の記録」を参照してほしい。ここでは信条問題について述べる。すでに述べたように、教団が成立したときには「信条」を持っておらず「教義ノ大要」があるのみであった。教団は信条特別委員会を設置して活動を続け、まず「信仰問答」を作成しようとしたが、結論をいえば文部省から承認を得ることができず、ついにこれさえもが決定には至らなかった。『資料集』によれば「創造神の否定、キリストの復活の削除を求められた」という。その結果、富田統理はこの委員会の解散を求めた（一九四五・八・二）。

本来、信仰告白とは、教会が自らの拠って立つ所、すなわち「我、ここに立つ」ということを表すものである。これは国家から承認を得るという性格のものではないはずのものである。しかしこの時には政府と交渉し、その認可を受けなければならなかったということである。このことはきちんと認識しておかなければならない。

5、戦後の教団と「会派」問題

宗教団体法は、一九四五年一二月二八日に廃止された。宗教団体法の廃止に伴い最初に教団を離脱したのはインマヌエル綜合伝道団（四五・一〇）であった。これに在日大韓キリスト教会（四五・一二）が続く。続いて日本基督改革派教会（四六・四）が設立された。その後の四七年以後、多くの教派が離脱していった。これを『資料集』ではそれぞれの再建と表記している。

まず日本基督改革派教会の離脱の理由をみてみよう。彼らは「ウェストミンスター信仰告白」を堅持することを主張し、旧日本基督教会の簡易信条と呼ばれた「日本基督教会信仰の告白」に批判的であったので、これを棚上げにした教団合同を批判しており、『資料集』では、これを旧教派の再建ではなく新教派の創立と見るべきだとしている。

多くの教派が離脱していったその最大の理由は、旧教派の伝統の保持と発展、外国ミッションとの関係回復であった。

またこの時に教団が直面しなければならなかった最大の問題は、「会派問題」と呼ばれた問題であった。宗教団体法の法的拘束力がなくなったことにより、旧教派は教団に留まるか、離れるかが問われた。そしていくらかの旧教派が留まるとした場合に、教団内に旧教派の伝統に基づいた教会形成、教会性を持つ「会派」を公認するよう求めたのである。その後の教団を支えていった主要な旧教派の教会である旧一部の日本基督教会の一部は、教団が信仰告白を持っていないことを指摘しつつ「会派」の公認を求めたが、しかし教団はこれを公認しなかった。「完結性」をもつ教会の下に「教会性」をもつ教会が存在することを承認することになるからである。教団は「会派」を認めないことの決議とともに、この承認に際して日本基督教団信仰告白実現に向かう付帯決議を行っている。

こうして日本基督教会が結成された（五一・四）。当初は北海道の一七教会がこれに加わっていた。

ここで指摘をしておきたいことは、教団は会派問題の解決に際して、付帯決議として、教団の信仰告白の制定を進めることになったという点である。

6、教団の信仰告白とその成立過程

まず教団の信仰告白の成立過程における議論をたどり、教団の信仰告白について検討したい。

すでに3、で述べたように教団を形成する主要教派である日本基督教会、メソジスト教会、組合教会の信仰告白についての教派的理解はそれぞれに異なっていた。改めてまとめると、日本基督教会は信条教会であり、全体教会を統合する信仰告白がなければ教会ではないとの理解を持ち、メソジスト教会は信条教会ではなく監督の責任が重大であった。また組合教会は各個教会において信仰告白を持つが、全体を統合する信仰告白を持つことはない教会であった。教団は「会派問題」で課題となった付帯決議に基づいて、信仰告白の制定の準備に入った。

教団はすでに「教憲・教規」において会議制を政治機構とすることを決定していた。しかしこの会議制とは、監督制、長老制、会衆制とならぶ第四の制度では決してなく、この三つに共通する公約数的な、したがって三つのいずれにも受け取ることができるようなあいまいなものであった。

第五回教団総会（一九四八・一〇）は、「使徒信条」を告白することを決定し、信条を持つ教会となった。しかし「使徒信条だけでは福音主義の信仰告白となっていない、拘束力を持つ福音的信仰告白を持たない教会は教会ではない」との主張を受けて作業に入り、一九五四年七月に最終案を完成させ、第八回総会で「教団信仰告白」が制定された（一九五四・一〇）。しかし、『キリスト新聞』が「教団信仰告白、採用成る、起立採決に満場一致ならず」（一九五四年一一月五日）と報じたように、制定までの過程で多くの議論があり、また「教団内における信仰告白についての現状調査報告」（一九五二・一）（資料を参照）もなされた。これはすでに述べた、さまざまな教派的背景を持つ教会が一つの信仰告白を告白するに至るさまざまな問題点を挙げている。

以下にいくつかの意見を紹介する。「使徒信条を告白す」によって、教団が信条をもつ教会であるという考え。「信仰告白」の制定に関しては、教団が一枚岩の信条教会へと歩むという考えや、「使徒信条」は福音的教会の信仰告白としては最低線である故、さらに告白するように努めたいという考え。また現在の教団の信仰告白で一応満足しており、これ以上のものをもつ事を積極的に考えてはいないという考え。従来の「非信条教会」の伝統によって、成文化された信仰告白をもつことに抵抗感をもつという考え。合同教会である「教団」を形成しようとしているのだから、あらゆる旧来の伝統的立場は、自己の伝統を権利として主張するだけでなく、それを尊重しながら、他の伝統的立場に対して相互に理解と歩み寄りとを志すべきであるという意見。

このようにさまざまな立場からさまざまな意見が述べられ、そして「最終案」が決定された。ここおいてはかなり丁寧に各方面の意見を集約し、検討を加えようとした姿勢がうかがえる。そして、以下のような「付帯的説明」が加えられた。

「これは信仰告白が讃美告白であることを明らかにし、しかも讃美告白された信仰告白が教団を律する拘束力をもつものであることを同時に明らかにしている。

次に信条の内容の解釈については次の如く判断する。教団内において信仰内容が一致の実を挙げつつあることは、感謝をもって公正に承認せられるところである。しかし信条の内容的問題について万一解釈の相違が生じた場合には、第五回教団総会において信条委員長より表明せられた如く、『解釈にはある程度の自由は認めらるべきも、度外れた解釈は認められない』という立場が妥当であろう。しかして解釈相互間の争点については、法的措置の前に、必ず神学的論議の領域が設定されねばならない」。

（『基督教新報』昭和二六年二月一〇日号）

さらにこの「付帯的説明」について「解説」が加えられた（昭和二六年三月）。

「報告書が信仰告白を『讃美告白』として表現したことは、『告白』の原意に即せると同時に、信仰告白をしてあくまで自発的にして積極的なるものたらしめようとしたものである。従って『讃美告白』を以て『不真実』なりと批判する如きは、全くの誤解に基づいている。何故なら自発的にして喜ばしき告白こそ、『真実』なる告白だからである。これに反して外から強制されてなされる告白は『不真実』である。報告書が『律法的拘束性』と名づけたものは、かかるものである。

律法的拘束性とは、拘束するための拘束、拘束を自己目的とする拘束性である。かかるものは福音的教会の信仰告白から遠いといわざるを得ない。福音的教会における信仰告白の拘束性は、自発的に告白せられた福音が、告白せる教会を拘束する。従って報告書が信仰告白の拘束性を全然認めないとなす如き批判も、誤解に基づいている」。

（『基督教新報』昭和二六年三月二四日号）

『資料集』では、この「付帯的説明」や「解説」は、信仰告白の自発性と拘束性の同時成立を指摘し、その拘束性を認めない会衆主義者をとり込もうとする意図で述べられていたと記されている。要するに信仰の自由を尊ぶ伝統的立場と信仰告白の拘束力を強調する伝統的立場との間に、共通の理解による共同の解決を目指したものと理解することができる。そこには信仰告白の自発性と拘束性とが決して相互排他的でないことが示されている。それが以下の文章である。

本年二月（一九五四年）の第四回常議員会において両原案が受理せられたに際して、石原委員長は次の如き趣旨の一文を発表した。

「今回制定せられる信仰告白は教団の信仰告白である。教団はこの信仰告白を教団として告白する。各個教会も信徒も教団に属するものとしては、この信仰告白を告白する。従ってこの信仰告白と矛盾するものは、各個教会も信徒も告白することは出来ない。しかしこの信仰告白と矛盾しない限りでは、各個教会も信徒も従来の歴史的伝統ある信仰を告白することが許される」。

そしてこの委員長の文は次の如き結論をもって終っている。

「教団は、各自その所信に忠実であると同時に、他者の立場をもよく理解し、すべてが一致して讃美告白するに至ったときに、始めて合同教会としての力と進歩とを増し加えるものであることを、われわれは信ずる者である。望むらくは今次の教団総会においてこの問題が、自己主張ではなしに、教団全体の信仰上の一致に達するための趣旨を以て正しく処理されるよう、全議員の諒解と協力とを祈る」。

（『基督教新報』二九年三月一三日号）〔『第八回日本基督教団総会議案・報告書』一九五四・一〇・二六―二九、一一七―一二四頁〕

このように教団は信仰告白を告白する信条教会としての要件を整えた。しかし信仰告白の制定が、すでに見たように「会派問題」を解決するための「付帯条件」であったことは明白である。

そこで信仰告白は旧教派のさまざまな信仰職制上の解釈の多様性を前提として理解し、教団に残留し教団を形成していこうとしたこれらの理解を包含するものと捉えられねばならなかったのである。この意味でもそれは「我、ここに立つ」という告白であるのだが、以下に述べるように、しかしそもそも信仰告白とは何かという課題が前面に出てくることになる。

7、「信仰告白」の両義性と歴史性

そもそも「信仰告白」とは何か。資料の「信仰告白」に関する記述を要約して紹介する。

初期の信仰告白は「イエスはキリストである」という最も短い形の表現自体であり、さらに原始教会に流布していた「イエスは主である」、「イエスは神の子である」、「イエスは復活した」という言葉自体が信仰の告白であった。それは古代奴隷制社会であったローマ帝国の中で、ユダヤ教の律法、すなわち「割礼」を救いの条件としないことによって新しい宗教であるキリスト教が成立していたことの歴史的意義を示すものである。それが最初に「古ローマ信条」といわれるものに、次いで今日も継承されている「使徒信条」になった。歴史的にみれば信仰告白の一つの側面が「讃美」、「感謝」として表れながらも、他方の側面が信仰の純粋性を守ることとして表れた、すなわち「規範」となったということである。ここには「両義性」がある。

そしてより根源的には、なぜ歴史的に「信仰告白」が生まれていったのかということにも深く留意する必要がある。これは歴史的なものであって、われわれの主観において判断できることではない。宗教改革以降、それぞれの教派は自己のアイデンティティを明確化するために、新たに信仰告白を作成した。一五三〇年のルター派の「アウクスブルク信仰告白」や一六四六年の英国教会の「ウェストミンスター信仰告白」などがそうである。

これらが意味するのは、信仰の共同体である教会が、その時代のなかで、信仰の拠って立つところを明示するために「信仰告白」を生み出したということである。信仰告白は、単に継承し遵守するばかりでなく、告白し続ける歴史的な出来事として、換言すればダイナミズムのなかで考える必要がある。その意味では、第二次世界大戦の際のドイツの福音主義キリスト者たちがナチズムとの戦いのなかで表明した「バルメン宣言」は歴史に残るものである。そこに「我、ここに立つ」との信仰告白が表明されている。

信仰者の主体的な信仰を重んじる改革派の諸教会では、洗礼に先立って個人がそれぞれの信仰告白を表明する習慣がある。日本におけるプロテスタント合同教会である日本基督教団は一九五四年の総会で「日本基督教団信仰告白」を宣言したが、その規範性の理解は多様である。現代においては、それぞれの時代と民族の文化に応じてキリスト教の信仰を明確に表明する新しい信仰告白の定式化が求められている。その意味で日本基督教団の「戦争責任告白」は、教団が日本社会において歴史的にキリストの主権を告白したものである。そしてそれは「我、ここに立つ」という信仰の宣言、告白であった。

8、まとめとして――会衆派の伝統と日本基督教団

教団が成立してから七四年を経過し、教会の現場、また信徒や教師の認識においても、教団という合同教会とはなにかということ、そしてそのなかにおける会衆主義の教会の伝統や教会形成について、学習をする必要が認識されるようになった。それは、昨今の教団の動きが、いわば硬直化した規範としての「信条教会」の性格を強めてきているからでもある。そこで「我、ここに立つ」という今回の主題を踏まえて、要点をまとめる。

日本基督教団が成立したのは宗教団体法という弾圧法、統制法によるものであった。しかし一五年戦争下において、日本の教会は組合教会を含めてこの本質を見抜くことができなかった。それ以前にたしかに日本基督教連盟による合同運動はあったが、長老派・改革派系の日本基督教会、ルーテル教会は、ともに固有の教派の信条の問題を主張することによって合意にはいたらなかった。わたしはそれを頓挫したと表現したい。

成立した教団は、宗教団体法の法的枠のなかでのみ存在し、いかに戦時下の状況であったとはいえ、その成立の過程は教会としての主体的な合同教会の内実を形成する歩みであったとはいえない。ただ宗教団体法のもとにおいて存在したのである。

その後、戦後の宗教団体法の廃止に伴い、教団を離れる教会が出現していったとき、教団のなかで旧日本基督教会の伝統に立つ教会などが、「会派」の承認を求める運動を起こし、この動きを承認しなかった教団は、すでに述べたように「付帯条件」として教団の信仰告白の制定の準備

を進めることになった。この時にはかなり丁寧に各方面の意見を聴取し、信仰告白の自発性と拘束性を念頭において作業が進められていき、それが一九五四年の教団の信仰告白制定となった。この教団の信仰告白の成立の意味と意義は、先に例としてあげたように、例えば「バルメン宣言」や教団の「戦争責任告白」に見られるように、その国家社会の歴史的あるいは社会的認識のゆえになされた教会の主体的な告白であるとは言い難い。その信仰告白は教団を構成することになったさまざまな教派の教会のおおよその合意を表したもの、換言すれば教団を構成することになった旧教派の最大公約数であり、これによってある幅をもたせた「信条教会」となったのが教団であるといえよう。すなわち、教団を構成する旧諸教派の合意を形成しようとする内向きの合意として成立した信仰告白の制定であった。しかも、この信仰告白の解釈について、繰り返して指摘すれば「解釈相互間の争点については、法的措置の前に、必ず神学的論議の領域が設定されねばならない」との説明がなされたことを想起したい。

これらの歴史的な経緯を踏まえるならば、教団のなかで教団成立時に三一九の教会、伝道所を持ち、三八六名の教師、四三九八八名の信徒が存在した第三部の会衆派の伝統を持つ教会は、この伝統を正しく継承することを通して合同教会である教団に貢献することが期待されよう。そして教団の教会が任命制ではなく文字通り各個教会による招聘制という制度をとっていることの意味と意義を深く自覚することが大切である。それはその前提として、招聘する主体としての教会が基礎となっているということである。

会衆派の伝統を持たない教団成立後に設立された多くの教会にとっては、その教会の伝統を探り求めるとき、会衆派の伝統の教会観を直接的に明示することは難しいといえよう。しかし共通するわれわれの課題は、この時代、この社会のなかにあって「我、ここに立つ」こと、信仰告白の原点である「告白」、「賛美」、「感謝」を根底においた信仰と信仰の共同体を形成していくことである。

資　料

宗教団体法（抄）

一九三九（昭和一四）年成立した宗教団体の国家統制を図るための法律。日中戦争が始って国家主義化が進む中で、三九年一月一八日、平沼内閣は宗教団体法案を国会に提出した。全三七条の簡潔な法案で、神道、仏教、キリスト教、その他の宗教教団と結社の統制を目的として、教団の設立は文部大臣の認可を必要とし（第三条）、その宗教行為が安寧秩序を妨げ、または臣民たる義務に背く時は認可を取消されることとなっている（一六条）。しかし、神社はこの法の外にあり、神社参拝を拒む者は取締るとの説明もなされた。これに対し議員の批判的質問もなく、議会外の反対運動も起らず、三九年三月二三日成立、四月八日公布された。キリスト教界には、この法律に宗教団体として「基督教」の文字が初めて入ったことを喜ぶ意見もあり、批判的見解はまれであった。続いて同年一二月二三日、勅令により宗教団体法施行令が公布され、四〇年四月一日施行と定められた。また四〇年一月には文部省令として七五条に及ぶ宗教団体法施行細則が発令されたのをはじめ、諸規定の発布が相次いだ。六月に宗教局長は教会数五〇、信徒数五〇〇〇名以上なければ教団として認められぬと言明。各派合同の要因となった。プロテスタント各派は六月日本基督教団として合同、一一月二四日認可された。

（笠原芳光）『岩波キリスト教辞典』

宗教団体法に関連した法令

☆一九四六／一〇／四のＧＨＱ指令で廃止を命ぜられた法規

（１）治安維持法（一九二六ノ四／二二、一九二八／六／二九勅令による改正、四一／三／一〇改正、四五／一〇／一六廃止）

（２）思想犯保護観察法（三六／五／二九公布、四五／一〇／一六廃止）

（３）思想犯保護観察法施行令（三六／一一／一四頃、四六／一〇／一六廃止）

（４）保護観察所官制（一九三六／一一／一四）

（５）予防拘禁手続令（四一／五／一四）

（６）予防拘禁処遇令（四一／五／一四）

（７）国防保安法（四一／三／七）

（８）国防保安法同施行令（四一／五／七）

（９）弁護士指定規定（四一／六／九）

（10）軍用資源秘密保護法（三九／三／二六）

（11）軍用資源秘密保護法施行令（三九／六／二四）

（12）軍用資源秘密保護法施行規則（三九／六／二六）

（13）軍機保護法（一八九九／七／一六、三七／八／一七、四一／改正）

（14）軍機保護法施行規則（三九／一二／一二、高所からの撮影禁止、四一／改正）

(15) 宗教団体法（三九／四／八）

(16) 上記の法規を修正、補足若は実施に関する一切の法律、勅令、省令、命令及規則

（前・同志社大学法学部伊藤彌教授作成）

戦争責任告白（抄）

正式には「第二次大戦下における日本基督教団の責任についての告白」といい、一九六七（昭和四二）年三月二六日に総会議長鈴木正久の名で発表された。六六年の教団夏期教師講習会において戦時下の教団の責任問題が話し合われ、総会では六名の同意議員によって「教団として戦争責任に対する告白を公にすることの建議」が提出され、論議の末、常議員会に付託され、審議ののち六七年二月の常議員会において総会議長の名で公表することを決定した。その要旨は教団成立が主に政府の宗教団体統合策に起因すること、「世の光」、「地の塩」である教会は戦争に同調すべきではなかったのに教団の名で戦争を是認、支持したこと、国家に対する「見張り」の使命をないがしろにしたこと、それらの罪のゆるしを神と世界、特にアジアの人々に請い、教団が再びあやまちを繰り返さぬ決意を表明するというものである。

この告白は日本の宗教団体が戦後に戦争責任を表明した唯一の例として、一般の革新的な人々からも評価され、以後、教団のひとつの方向をつくり、教会の社会的関心を増大させたが、教団

内の保守派からは戦争責任論は教会固有の問題ではないなどの反対意見も出された。そのため北森嘉蔵らの五人委員会を設け、賛否の間を取持とうとした。（略）しかし「告白」は教団内の保守と革新の対立を顕著にする原因ともなり、七〇年前後には万博問題などをめぐって混乱が続いた。

（笠原芳光）『日本キリスト教歴史大事典』

「教団における信仰告白についての現状調査報告」（一九五二・一）

教団に設置された信仰告白制定特別委員会は、積極的に作業を進めた。その作業の方向は、それぞれの旧教派の相違点を強調するよりも、それらを貫く共通点を認識することの方が重要であるとの方向であった。

（1）「使徒信条を告白す」という教団の建前に従って、教団が信条をもつ教会であると考えている立場がある。

（2）信仰告白の内容的問題に関しては、教団は一致の線を進んでいると考える立場がある。

（3）使徒信条は福音的教会の信仰告白としては最低線である故、この信条内に含まれていないで而も聖書中に存在する根本的信仰内容を、更に告白するように努めたいと考えている立場がある。例えば三一神、受肉、信仰による義と聖化、等の如きである。但しこれも古典的信条の形態や名称までも必ず維持せねばならぬと考えるものとは限らず、それらの信条の真理内容が確保されることを考えているものである。

（４）右に述べた（３）の立場と共通の考え方に立って、福音的信仰告白の厳密化を念願しながら、ただその告白を教団全体として持ち得るに至るために、従来ノン・クリーダルな伝統に立って来た教会とも共通に進みたいと考えて、この厳密化を直ちに形式的に推進しようとは考えず、相互理解による共同の歩みを考えている立場がある。

（５）現段階における教団の信仰告白が福音的信仰告白として盛るべき内容を充全に盛り込んでいない所からして、この段階以上に内容的に豊富であった旧教派時代の信仰告白を使用している教会もある。これは教派の解消に伴い、旧教派の信仰告白を新たに一個教会の信仰告白として採用しているものである。然しこれも旧来の形式をそのまま維持せねばならぬと考えているとは限らず、内容について同様のものであれば、それを採用する用意があると考えられる。――この現状は教団全体の立場から見ると問題視せられるかも知れないが、然し教憲の「その他の福音的信仰告白に準拠す」という建前から、合法的に解釈することも不可能ではなかろう。

（６）教憲第二条及び第三条等に掲げられている三一神、受肉、信仰による義や聖化等の真理内容を、信仰告白の素材として用いることを適当であると考える立場がある。

（７）現在の教団の信仰告白で一応満足して、これ以上のものをもつ事を積極的に考えていない立場もある。然しこれも教団に新しい信仰告白が生れるならこれに従う用意はある。

(8) 従来のノン・クリーダル・チャーチの伝統に従って、成文化された信仰告白をもつことに問題を感じている立場もある。

(9) 右の立場に対して同情をもちながら、しかもそのようなノン・クリーダルな伝統は、その教派が発生当時に相手とした統制主義的全体主義的教会へのレジスタンスという歴史的状況によって生れて来たものであって、現在もそのような相手を想定してその当時のままの伝統を絶対に固執することは、却って問題であると考える立場もある。ここでは信仰告白のもつ拘束性をも承認しながら、而もそれが右のような反動化を惹き起さないように、十分話し合って問題を打開するようにという希望が見出される。

(10) 信仰告白を重視し、その拘束性を強調する立場も、歴史上信条主義として知られて来た立場と簡単に同一視さるべきでなく、その主張の真意を十分に聴かねばならてらないという考え方もある。

(11) 単なる基督教連盟でなく「教団」という合同教会形成へ参画したのであるから、あらゆる旧来の伝統的立場は自己の伝統を権利として主張するだけでなく、それを尊重しながら、而も他の伝統的立場に対して相互に理解と歩み寄りとを志すべきであり、このことは信仰告白の問題についてもいわれる所であると考える立場もある。

(12) 然し右のいうような歩み寄りによる共通の解決に至るまでに伝道と教会訓練の必要から、伝統的流れを単位にした信仰告白に基くグループを認めてもらいたいとの意見もある。

(13) 同時に右の (12) のいうグループの意義を認めながら、而もこれを余りに固定化すると、教団全体を貫いた共同の解決が阻害される恐れがあるから、たとえそのようなグループを止むを得ずとしても、これを能う限りオープンな形にしておくことが必要であるという考え方もある。

(14) 教団は大体旧来の教派的な考え方から脱しかけた歴史的段階に入っており、従って旧来のものの対立や相違を強調するよりも、教団はむしろ創造的 (クリエイテイヴ) な信仰告白を生み出すように努力すべきであるという立場もある。

(15) 教団は信仰告白を形式的に整えることを急ぎすぎてはならないという考え方もある。信仰告白は教会の実質的内容から生み出されて来るものであるから、徒らに形式のみを先に考えてはならないという考え方である。

(16) 教団は信仰告白の制定に当っては、教理上の諸問題を取り上げて検討すべきであるという立場もある。

(17) 教団が教会としての性格を明確化しようとするのであるなら、能う限り速かに教団としての信仰告白をもつようにすべきであるという立場もある。

(18) 教団は政治的危険をおかしてまで、急いで信仰告白制定を考える必要はないという考え方もある。

(19) 現在の信仰告白の線で教団内の理解と統一とを深め、その上で次のステップに進むのが妥当であるという考え方もある。そのために教団内での信仰告白についての教育と訓練とを必要と考える立場である。

バルメン宣言（抄）

一九三四年五月二九―三一日、ドイツのバルメンの第一回信仰告白会議で、ルター派、合同派、改革派の代表者全会一致により採択された「ドイツ福音主義教会の今日の状況に対する神学的宣言」。バルトの草案に基づく六項のテーゼは各々聖書引用・告白（肯定）命題・棄却（否定）命題という構成を取る。イエス・キリストのみが神の唯一の啓示（自然神学との対決）であり（一項）、生の全領域を支配する主であり（二項）、自らが教会と国家を包括する神の国である（教会の政治的責任）（五項）。教会はその使信も秩序もこの主にのみ拘束されており（三項）、その職務は位階的「支配」ではなく「奉仕」によるものであり（四項）、人間の側の願望ではなく「神の自由なる恵みの使信」をすべての人に伝えるという委託を受けている（六項）。〈棄却〉命題は、直接的にはナチズムの全体主義的世界観とその教会統合政策およびこれに迎合する〈ドイツ的キリスト者〉（旧約の廃棄、新約の「非ユダヤ化」を主張）に向けられた。〈バルメン〉は戦後再建されたドイツ福音主義教会（ＥＫＤ）でも承認され、その継承として特に「ダルムシュタット宣言」（四七年八月）が重要。〈バルメン〉の影響はさらに、南アフリカ（アパルトヘイト）や韓国

（軍事独裁）の教会闘争にまで及んだ。

（天野有）『岩波キリスト教辞典』

信仰告白（抄）

一般的には個人あるいは団体として信仰を公に表明すること。また表明された信仰内容の要約をさすこともある。信仰告白は信仰の意識化と共同体への帰属を公に宣言するために求められ、信仰告白の内容の定式化は宣教や信仰教育、正統信仰の維持と信仰共同体のアイデンティティの確保のために必要となる。それはしばしば共同体の礼拝や典礼の中で共唱された。

元来「イエス・キリスト」とは、「イエスはキリストである」という最も短い形の信仰告白にほかならない〔マコ八・二九参照〕。新約聖書にはさらに原始教会に流布していた「イエスは主である」〔Ⅰコリ一二・三〕、「イエスは神の子である」〔マタ一四・三三、一六・一六など参照〕などの信仰告白、とりわけイエスの復活についての信仰告白〔Ⅰコリ一五・三―五、フィリ二・六―一一など参照〕が散見される。

古代においては、ヘレニズム世界の異質な宗教心や世界観の混入から福音の純粋性を守るために、哲学的な概念を用いて信仰内容が表明されるようになった。その信仰告白は多様な形式において形成され、あるものはキリスト者の信仰の規範となる信仰箇条もしくは信条（信経）として今日までキリスト教諸教派に共通に伝えられている。その典型は三八一年に宣言された「ニカイア・コンスタンティノポリス信条」、五—六世紀の作と推測される「アタナシオス信条」、七—八世紀に現在の形になったと推測される「使徒信条」などである。

宗教改革以降、それぞれの教派は自己のアイデンティティを明確化するために、新たに信仰告白を作成した。一五三〇年のルター派の「アウクスブルク信仰告白」や一六四六年の英国教会の「ウェストミンスター信仰告白」などが名高い。第二次世界大戦の際、ドイツの福音主義キリスト者たちが国家権力との相克の中に表明した「バルメン宣言」は歴史に残るものである。日本におけるプロテスタント合同教会である日本基督教団は一九五六年（五四年の間違い）の総会で「日本基督教団信仰告白」を宣言したが、その規範性の理解は多様である。現代においては、それぞれの時代と民族の文化に応じてキリスト教の信仰を明確に表明する新しい信仰告白の定式化が求められている。

（百瀬文晃）『岩波キリスト教辞典』

信条（抄）

信仰箇条の略称。教派・教会の信仰規準。プロテスタント教会では信仰告白という語も併用される。したがって信仰告白は比較的新しい信条、特にプロテスタント的なものを指すともいえるが、厳密にはむしろ区別されない。また近時はエキュメニカルな性格を持つ基本信条の意味にも用いられる。信条は教会の信仰内容を外に向けて明らかにするとともに、内的強制力を持つもので、カトリック、正教会、聖公会、ルター派教会は、世界的規模で同一の歴史的信条を保持する。改革派教会は歴史的信条を重んじつつ、各地の教会が、その場所、その時代における信条を成文化する。日本のプロテスタント教会は信条に固執しない傾向が強く、最初の教会である日本基督公会は、プロテスタント信仰と基本信条の内容を簡略に表した万国福音同盟会の教理基準九カ条による〈信仰諸則〉を掲げた。その後、教派的教会の形成が進んだが、日本組合基督教会、バプテスト教会などは各個教会の自立を重んじ共通の信条は設定しなかった。例えば一八八六（明治一九）年成立の日本組合教会の場合、信仰箇条として万国福音同盟会の九カ条だけをあげており、自由神学の波及を強く受けたのに対し、九二年に五カ条の〈信仰の告白〉を定めたに過ぎなかった。日本基督一致教会は八〇年、宣教師の主導により、ドルト大会の教法、ウェストミンスター信仰告白、『耶蘇教略問答』、ハイデルベルク信仰問答を〈規矩〉としたが、八八年の組合派との合同基礎案である日本基督教会憲法第二条教理では「旧新両約聖書に記されたる神の言（ことば）は、信仰および行状に係る無二の誤りなき法則なり」とし、歴史的信条として「使徒信条およびニカイア信条の「二個（ふたつ）」の信条と、福音同盟会の教理とを以て信仰箇条となす」とした。この合同不成立後、九〇年に改めて成立した日本基督教会は、福音主義教会の教理を示す前文と使徒信条を本文とする世界的にも珍しい簡潔な信仰告白を制定した。現日本基督教団は、それに似た信仰告白を制定したが（一九五四）、その拘束性については、なお論議がある。

（加藤常昭）『日本キリスト教歴史大事典』

教会と神学について

大林　浩

2008年の神学協議会に出席させていただいのが最後で、それ以来は健康上の理由でご無沙汰しています。それ以後どのような主題で神学協議会を開いてこられたのか、しばらく連絡も途絶えており、最近の動向を存知上げませんが、2008年の神学協議会に出席させて頂いた時、二日目、関西セミナーハウスで開かれた、牧師先生方の発題と討議の中で、どなたかはもう覚えておりませんが、地方の牧師会において、東神大出の牧師さんたちに、同志社出身の牧師たちには神学が無いとか、同志社の神学教育には確固たる神学が欠けているとか言われたということをおっしゃった方が数人おられました。私は機会を見て、立ち上がって私の見解をのべたいと思っておりましたが、若い牧師先生方、それぞれの遣わされた地において、身を粉にして働き、奮闘しておられる先生方、使命感をもって、信徒のために、またその地の人々のために献身的な働きをしておられる先生方が、2年に一度集まって、お互いの信念を確認し合い、それぞれの経験を分かち合い、再び任地にかえって行かれる貴重な機会に、外部の私ごときが口を挟むことを控えざるを得ませんでした。この度、同信会からのご要請で、私が以前「同志社時報」の依頼でしたためました一文を、同信会に配布するに当たって、それに加筆修正をするようにとのご依頼をうけましたので、この機会に、2008年の神学協議会で取り上げられました教会における神学の位置について、ひとこと進言させて頂きたく一筆したためた次第でございます。

私は4年前に米国、ニュージャーシー州立のラトガース大学を引退し、今は名誉教授という忌まわしい身分になっておりますが、2010年まで43年間、宗教学部で教鞭をとって参ったものでございます。その大学が公立の学校でありますゆえに、神学校における教科とは違っておりますが、私自身の研究活動は、一生、専ら「神学」でございました。「神学」を一生やってきた私からの発言としてお聞きいただければ幸いと存じます。「神学」はあくまでも教会とその宣教および牧会活動に付随するもの、準ずるもの、神学はいわば教会や福音の「しもべ」であって、主人ではないと信じております。

私は同志社神学部の、２年の修士課程を1957年に終えて、教会へ配属されたのが1959年でございます。その当時の神学教育、特に神学の分野においては「バルト神学」が圧倒的な影響力を持っておりました。ブルトマンの非神話化論、ティリッヒの実存主義的あるいは存在論的な神学などで学生時代は明け暮れしておりました。そしてバルトを語らねば話にならぬものと、卒業し教会に赴任しましてもバルト神学を振り回し、教壇から説教するという愚かな者でありました。われわれは「福音」を宣べ伝え、イエスの業を宣べ伝えるのでなければなりません。イエスの十字架が人類にとって何を意味するかを宣教しなければならないと思うのです。同志社出身の牧師に神学的土台がないなどとは、とんでもないことです。別紙に「新島襄の思想的背景としての会衆主義キリスト教」と言う小論をお届けしましたが、そこにありますように、同志社神学には誇りとすべきもの、日本の近代史において輝かしい貢献をなしたものがございます。「神学がない」などとは言語道断、われわれは福音を宣べ伝えるのであって、神学を宣べ伝えるのではない、神学はあくまでも「しもべ」であって主人ではない。「とんでもない勘違いをするな」と、言ってやりたいと思います。神学を振り回す牧師は神学を宣教牧会と勘違いしているのではないか。教壇から神学を説教して悦に入っているやからは牧師ではない。イエスの為されたように人々に「仕え」なければならないと信じております。わたしたちは同志社神学を胸を張って誇りに思わねばならないと思います。神学協議会にお集まりの牧師先生方に敬意を表します。

第3章 群衆の中で、群衆のために

バルト、ボンヘッファーと会衆主義

札幌北光教会信徒　一條　英俊

キリストとの出会い

もし私が、信仰的にもこの世的にも「立派な信徒」のようなものであれば、以下の文章はどんなに書きやすかったことでしょう。しかし、私はそのような信徒ではありません。ただ、とても幸運なことに、私は学生時代に尊敬する先生に出会い、バルトやボンヘッファーの神学の手ほどきを受けることができました。そして、その後三〇年、ささやかに教会生活を続けてきました。その経験をもとに会衆主義の可能性について書きたいと思います。バルトは長老制（教職と信徒の代表による会議制）をとる改革派的神学者、ボンヘッファーは監督制をとるルター派の神学者。二人とも会衆主義とは縁遠く見えますが、それは見かけ上の話にすぎません。教会の理想として会衆主義を語ることはやさしいが、実行し継続するのはなかなか難しいことだと思われます。高橋真梨子さんの歌のように、「ふたりして夜にこぎ出すけれど、だれも愛の国を見たことがない」

というようなことなのでしょうか。いやいや、そんなはずはない。一人の信徒として、もう一度こぎ出してみましょう。

キリストを理解するにはコツがあるようです。聖書を読むときは、キリストの前に立つことです。キリストの背後に立てば「虎の威を借る狐」になり、横に離れて立てば他人事を眺める傍観者になりかねない。キリストに向かい合って立ち、「サタン、引き下がれ。あなたは神のことを思わず、人間のことを思っている」（マルコ八・三三）と激しく叱られたり、「わたしもあなたを罪に定めない。行きなさい。これからは、もう罪を犯してはならない」（ヨハネ八・一一）と赦される、そのような経験がないと、私たちはなかなか主に出会う機会がないかもしれません。たぶん出会いの経験は一人一人違っているでしょう。必ずしも喜ばしい出会いばかりではないかもしれません。しかし、それこそが「主イエス・キリストとの生きた出会い」なのです。教会とは、いかなる信仰告白、儀式、組織にもまさって、まずこの出会いの場でなければなりません。そして、会衆一人一人がこの出会いによって自分自身の信仰を言い表し、今までの人生とは別の方向へ歩みだす、ここに会衆主義の基礎があるのではないでしょうか。

聖《きよ》い会衆の会衆主義？

歴史上、会衆派は礼拝に集う会衆（コングリゲーション）の信仰の純粋さに賭けた教派でした。

宗教改革が起こった一六世紀の終わり、イングランドの新旧両教徒の混乱と政争の中で、英国教会をカトリック的残りかすから「清めよう」という清教徒（ピューリタン）の運動が起こりました。ピューリタニズムはカルヴァン主義に触発された民衆レベルの運動として不滅の意義を持っています。ついに彼らは国の主導権を握り、国教会の指針として立派な改革派信条「ウェストミンスター信仰告白」（一六四八年）を国会決議しますが、国民的熱狂は長続きせず、十数年後の王政復古とともに決議は無効化されてしまいました。一連の激動の中で国教会に見切りをつけて飛び出した一派が会衆派です。バプテスト派などと共に分離派ピューリタンとも呼ばれます。会衆派の創始者とされるのは、ロバート・ブラウンという国教会元牧師ですが、あまり聞いたことがないでしょ？　なぜならブラウンは三二回の投獄ののち、会衆主義に疲れ果て、国教会に復帰してしまったからです。にもかかわらず会衆派は「ブラウン派」とも呼ばれ、彼の書いた文書は会衆派の考え方を知る基本文書とみなされています。

実際のところ、現代の会衆主義にとって、イングランドや北米マサチューセッツの会衆派はあまり参考にならないかもしれません。イングランドの会衆派は、汚れた世俗にも旧態依然とした国教会にも耐えることができず、聖《きよ》いと信じた同志だけで野外礼拝を守ろうとしました。しかし、キリストは聖い信徒による聖い教会を作りたくて地上に来たのではありません。「医者を必要とするのは、丈夫な人ではなく病人である。わたしが来たのは、正しい人を招くためではなく、罪人を招くためである」（マルコ二・一七）。罪人を招くためです。たとえば、主の晩餐はイエスにとって裏切り者たちのための会食です。「あなたは今日、鶏が鳴くまでに、三度わたしを知らないと言うだろう」（ルカ二二・三四）。事実、そうなります。にもかかわらずイエスは「わたしはあなたのために、信仰が無くならないように祈った。だから、あなたは立ち直ったら、兄弟たちを力づけてやりなさい」（ルカ二二・三二）と、やがて裏切り、逃げ去る者たちに言われました。

スイス、ジュネーヴの宗教改革者カルヴァンは、主の晩餐を「キリストがご自身をすべての人々のために与えることによって、私たちすべての者が彼においてひとつになるのであって、まさにその時にこそ、私たちはお互いに愛し合うという目的をどのような時にもまして明確に達成する」（『キリスト教綱要』、四・一七・三八、越川弘英訳）という出会いの場――ご自身を与える愛の神との出会いの場ととらえた点で礼拝の核心をつかんでいたように思われます。

「兄弟の内の誰かが我々によって傷つけられ、侮られ、排斥され、暴行され、あるいは何らかの方法で侵害される時には、それによって同時に我々は不法を犯してキリストを傷つけ、拒絶し、暴行を為している。兄弟と不一致になるのであれば、キリストと一致することはあり得ず、キリストが我々によって愛されることはあり得ない。我々は己れの体に対して払うのと同じだけを、己れの体の肢である兄弟のために払うべきである。体のどこかの部分が痛みを感じるなら他の全ての部分にも痛みが拡散するように、兄弟が何かの痛みを感じるなら自分も一緒に痛む。このサクラメントにおいて輝かしい進歩を遂げるためには、以上のことが我々の魂に印銘され・かつ刻印される必要がある。そういうわけで、アウグスティヌスが常々このサクラメントを『愛の絆』と呼んでいるのは的外れではない」（同所、渡辺信夫訳）。

すばらしい。これこそ聖餐であり礼拝です。ところが彼はその出会いの場に悪人や改革派信仰を受け入れない者がいてはいけないと考えたようです。よい罪人は受け入れるが、悪い罪人は排除したのです。もしキリストがそんな態度を取っていたら、あの裏切者たちを通して福音が私たちに伝えられることはあり得なかったでしょう。挙句の果てにカルヴァンは、セルヴェトゥスという厄介な敵対者を火あぶりにして殺してしまいました（控えめに言えば、処刑を容認しました）。セルヴェトゥスは悪人ではなく、医学の進歩にも貢献した人ですが、三位一体論は「ケルベロス」（三つの頭を持つ地獄の犬）のようなものだと批判しました。カルヴァンは純粋な教義を守るためには人殺しも辞さない「ピューリタン」だといえるでしょう。現代に至るまで彼の後継者たちは――イングランドや北米の会衆派も含めて――時折このような致命的な言行不一致を示します（セイラム魔女裁判や奴隷制度やアパルトヘイト）。宗教改革の時代、敵を異端や魔女に仕立てて殺すことは珍しくもありませんが、福音的真理にあまりにも近づきすぎたカルヴァンの、このような思想と行動は大変問題的です。しかし、本来「神にのみ栄光あれ」（Soli Deo gloria）を基調とするカルヴァン主義は、被造物神化の拒否と「パブリックな改革のエートス」をモチーフとするといわれます。実際、地上の政権の使命を語るカルヴァンの次の言葉は、キリスト者の政治への関わり方のお手本を示すと言えるでしょう。

「天上の王国は今ある意味で地上において我々の内に始まっている……外的な神礼拝が育成保護され、神を恐れる健全な教理と教会の存立が守られ、我々の生活が人類社会と共存し、我々の生活様式が市民的正義と調和し、我々相互の間で和解が成り立ち、公共の平和と安寧が進められるように定めねばならない」（『キリスト教綱要』、四・二〇・二、渡辺信夫訳）。

ここでは礼拝におけるキリストとの出会いが、直線的に市民的正義や平和のための行動に結び付けられています。これこそカトリックともルター主義とも後世の自由主義神学とも違う、カルヴァン独自の貢献と言えるでしょう。和解と平和と安寧――これこそキリストが私たちに約束するものです。しかし、教会の中心に生けるキリストではなく、「純粋な教義」や「会衆の聖さ」を置けば、やがて教会はキリストとの出会いの場ではなくなってしまいます。それは私たち自身を教会の主とすることだからです。焚刑《ふんけい》の煙がしみ込んだジュネーヴの「神政政治」が、市民的正義や相互の和解、平和と安寧へと進むまでには多くの犠牲と長い時間を必要としたのでした。もし会衆派が、清くも善良でもない私たちのために、神が「貧しく、辱められ、枕する所も、パンも持たない神、罪と弱さと死に呑み込まれた神」（ボンヘッファー、「キリスト者も異教徒も」、

『獄中書簡集』、四〇五頁、以下『書簡集』と略記）となったことを発見していれば、その歩みは少し違ったものになっていたかもしれません。

「群衆のための群衆教会」

にもかかわらず、二〇世紀最大のプロテスタント神学者カール・バルトは戦後すぐ、「教会――活《い》ける主イエス・キリストの活ける教団」（『カール・バルト著作集』第三巻に所収）というWCCアムステルダム大会のための覚書で、「会衆主義的な線上を進む思想」を表明しました。バルトは教会を厳密に「集いの出来事」ととらえ、「上なる権威――司教制だろうが会議制（長老制）だろうが――を解体し、ピルグリムファーザーズにならってすべてを会衆（ゲマインデ）から構築した」と語っています（エーバーハルト・ブッシュ、『カール・バルトの生涯』、四八六頁）。

「エクレシア（教会）というギリシャ語由来のラテン語が語っているのは……その集団の集合という出来事である。……この集合という出来事が、完全に教会の本質の一部をなしていて、教会で本質的に問題となる一切のことも、教会が『集合という出来事』でありその意味で『生きた会衆』だという事実と、切り離して理解することはできない」（「教会――活《い》ける主イエス・キリストの活ける教団」、一三六頁）。

さらに会衆派について次のように書いています。

「このゲマインデは、監督制的権威や長老制・会議制的権威によって一見はるかに強固に武装されていたイギリスの他の諸教会よりも、啓蒙主義に対して、不思議にもより良く抵抗したのであった。そのことによって、会衆派はあの危機的な一八世紀において注目された。……このゲマインデの道の内的必然性がこれまでよりも、もっと深く根拠づけられ、そのエキュメニカルな価値と効力がもっと明確に示され、そのような道がもっと徹底的に、そして同時にもっと慎重に歩まれなければならないだけである」（同、一五三〜一五四頁）。

ちょっと会衆派を持ち上げすぎかな。しかし私は、バルトこそもっとも信頼できる会衆主義神学者だと思うのです。

ここからはバルトの「イエスと群集」（井上良雄編訳、『カール・バルト戦後神学論集』、三三一頁以下に所収）と、ディートリッヒ・ボンヘッファーの詩「キリスト者も異教徒も」を手がかりに、会衆主義的教会の〝内的必然性〟である「教会とは集合という出来事である」や、「教会は他者のために存在する時にのみ教会である」ということを考えていきましょう。両者は第二次大戦中の一九四四年に書かれました。当時、ソ連軍、米英軍が反攻に転じたとはいえ、西ヨーロッパの大半はドイツとその同盟国に制圧され、容赦ないユダヤ人殺戮が進行していました。ナチスに抵抗するドイツの告白教会は暴力的に抑え込まれ、バルトは追放、ボンヘッファーは投獄されていました。その困窮の中で、スイスのバーゼルにいたバルトとベルリンの獄中にいたボンヘッファーが、ほぼ同じテーマを扱っていることに私は非常に驚きました。

「［イエスは］群衆が飼い主のいない羊のように弱り果て、打ちひしがれている［倒れている］のを見て、深く憐れまれた。そこで、弟子たちに言われた。『収穫は多いが、働き手が少ない』」（マタイ九・三六、三七）という聖書の個所について、バルトは次のように述べています。

「それは単にイエスが群衆に同情されたということではない。……群衆の苦しみは、彼を悲しませ、彼の心に迫ったというだけではなく、それは彼の心の中に入り、彼御自身の中に入って、今やまったく彼の苦しみとなった、ということである。……彼は、それを、群衆から取り除き給うた。彼は、それを、群衆に代わって受け給うた」（「イエスと群集」、三三二頁）。

真の牧者イエスの目から見える群衆は――私たちの目から見える群衆とは違って――神の国の豊かな実りであり、収穫を必要とする畑だというのです。キリストはある特定の集団とではなく、「世」全体と和解されました。すべての人間が――正しい人よりもむしろ罪人が――イエスに出会い、彼の中にある神の国に入るべく「集められ」ているのです。先に正しい教義や、正しい組織や、正しい聖徒や、要するに正しい教会があったのではありません。まず「集められる」という事実があるのです。弟子たちもまた、群衆と同じように苦しむ人、罪人、病人であり、群衆との間に本質的な違いはない。さまざまな群衆の中の、やや変わった、やや小さな群衆に過ぎない。「弟子たちとは、人々の中にあって、〈イエスのゆえに――神の国が近づいているゆえに、否、神の国がそのただ中にあるゆえに、本来的・根本的には彼らは幸福だ〉ということを……知ることを許された者たちである」（同、三三六～三三七頁）とバルトは言います。「教会は群衆教会である。群衆のために存在し、しかも徹頭徹尾群衆のために存在する教会である」。群衆のための群衆教会――これは会衆主義の本質を正しく表現していると思います。ドイツ語の「フォルク」（群集）は民族とも民衆とも取れるので、後にバルトは『教会教義学Ⅳ　和解論』の中で、より厳密に「世のための教会」について論じることになります。「イエス・キリストの教会は、世のために存在する。……教会は、自分の生命を他の人間的被造物のために賭け、また捧げることによって自分の生命を救い、また保つ」（第三分冊第四部、一四五頁以下）。このことをさらに大胆かつ明確に表現したのがボンヘッファーでした。

困窮するパンなき神

同じ一九四四年、失敗に終わった七月二〇日のヒトラー暗殺＝戦争終結計画の直前に書かれたボンヘッファーの詩「キリスト者も異教徒も」にも、人びとの苦しみとキリストの関わりが印象深く語られています。ボンヘッファーの後期の神学は獄中で構築され、ナチスの検閲の目をかわしながら、友人であるエーバハルト・ベートゲ宛の手紙として外部に届けられたため、しばしばバラバラで相互に矛盾するような印象を与えることがあります。しかし、実は一歩一歩着実に深められる思考に貫かれており、新奇な思いつきのようなものは一切ありません。「他者のための人間」、「機械仕掛けの神の拒否」、「深いこの世性」、「成人化する社会」、「無宗教的キリスト教」、「秘義保持の規律」、「委任」、「十字架のさまになる」、「祈ることと人々の間で正義を行うこと」――戦後の神学界に衝撃を与えた新しい神学思想が、この詩に集約的に表れているように思えます。ボンヘッファーは戦後の教会や礼拝のあり方についても思索を深めていたようですが、ナチによる殺害のため、それらが外部に伝えられることはありませんでした。三九年という短い生涯にもかかわらず、ボンヘッファーは大きな遺産をのこしました。それは一人一人のキリスト者の信仰と行為を、教会の枠組みや儀式を介さずに語る点でもっとも会衆主義的な神学だというべきでしょう。

「キリスト者も異教徒も」

人々は自分たちの困窮の中で神に行き、

助けを懇願し、幸福やパンを乞い、
病気、罪、そして死からの救いを求める。
彼らは、キリスト者も異教徒もみなそうする。

人々はご自身の困窮の中におられる神に行き、
神が貧しく、辱められ、枕する所も、パンも持たないことを発見し、
彼が罪と弱さと死に呑み込まれているのを見る。
キリスト者は、苦しみの中にある神の傍らに立つ。

神は困窮の中にいるすべての人間のところに行き、
彼のパンをもって体と心を満ちたらせ、
キリスト者と異教徒のために十字架の死を死に、
彼らのいずれをも赦したもう。

（『書簡集』、四〇五頁、村上伸訳を一部改変）

日本語ではわかりませんが、原詩は四行三連で、各行の末尾がNot（ノート、困窮）、Brot（ブロート、パン）、Tod（トート、死）、-den（Heiden＝ハイデン・異教徒、Leiden＝ライデン・

苦しみ、beiden ＝バイデン・いずれも）という完全な韻を踏んでいます。簡潔ながら緻密な詩で、繰り返される言葉は連ごとに別の脈絡と意味を与えられています。

まず「困窮」に注目しましょう。困窮はすべての人のところにある。人々は困窮からの救い――パンを求めて神のところに行く。ところがその願いを打ち砕くように、人々はイエス・キリストにおいて困窮する神を見出す。キリストは人々が求めるパンを持っていないが、別のパンを持っている。困窮するキリスト者は「困窮する神の傍らに立つ」（Christen stehen bei Gott in Seinen Leiden）というのです。単にキリスト者が志高く十字架のキリストと共にいるというのではなく、バルトが言ったように「群衆の苦しみはキリスト御自身の中に入って、今やまったく彼の苦しみとなった。……彼は、それを、群衆に代わって受け給うた」というのが、この詩の前半の意味ではないでしょうか。ボンヘッファーは獄中での焦燥と苦しみが今やキリストによって担われている、自らの意志で立つというよりは苦しむキリストに支えられ立っていると感じている。同時に、そのキリストによる苦しみの担いが、すべての人の困窮を覆っているのを見ているのです。「聖書は人間を神の無力と苦難に向かわせる。苦しむ神だけが助けを与えることができる」（『書簡集』、四一八頁）。

次に「傍らに立つ」は「stehen bei ～」ですが、これは同時に「beistehen ＝参与する」につながります。第三連で神が「困窮するすべての人間のところへ行く」という時、キリスト者は十字架に下でボサッと突っ立っているのではなく、神とともに困窮する人々のもとに行くのであり、神が担う人々の苦しみを共に担うのだという意味なのです。

「赦したもう」の意味

人々が求めるパンを神は持っていない、しかしキリスト者と異教徒のいずれの体と心をも満たす神自身のパンを持っている——後者が聖餐のパンを含むことは確実だと思われます。しかし、そのことは少し後で論じることとして、むしろここでは、この詩の結論「彼らのいずれをも赦したもう」に注目しましょう。壮大な聖餐論の後で、「赦したもう」とは、ややつつましい印象を与えます。しかしボンヘッファーは、この「赦し」に特別な意味を込め、教会の伝統的な「赦し」の概念を踏み越えているのです。

ボンヘッファーが少数の人々に配った「十年後」（『書簡集』、三頁以下に所収）という小論に「市民的勇気？（Civilcourage ?）」という一項があります。ドイツでは——ナチのテロルに支配されたドイツでは——市民的勇気をほとんどどこにも見出さなかったと彼は言います（そのためにユダヤ人をはじめ数百万の市民や兵士が死なねばなりませんでした）。「われわれのまなざしは、任務の中に天職を、天職の中に召命を見る自由な信頼において、上に向けられていた」からだ。この「天職」は典型的に宗教改革的な信仰です。「上なる権威」が与える任務を果たすことが天職だと考え、任務は神の意思だと受け止めた。その結果、ドイツ人は世界を見誤り、任務に服従する態度が悪に利用されてしまった。任務に逆らい、「無責任な良心」を捨ててでも、正義を貫ていることです。
く市民的勇気が必要なのだと。注目すべきは、その市民的勇気が神の要求から生まれると言われ

「(市民的勇気は) 神に起因する。神が、責任を負う行為という自由な信仰の冒険を求め、そのことによって罪ある者となる人間に赦しと慰めを与えたもうことに起因する」(同、七頁)。

神は、罪を犯すことになっても、あえて責任を負う行為を求めているというのです。ここではルターの信仰義認論が極限まで推し進められ、従来の「罪の赦し」の地平が乗り越えられています。詩の中で約束された赦しとは、市民的勇気に立って反逆を決断し、それによって「罪ある者」となることを辞さなかった抵抗運動参加者——非キリスト教徒も含めて——に向けられた言葉なのです。ボンヘッファーは、反乱に加担する自らの行動を神の名によって直接弁護することはありませんでしたが、H・E・テートは、ここにボンヘッファーの思想と行動の神学的な基礎がはっきり見えると言います。「歴史的現実は人間が罪責を負うことなく生きていくことを許さない。罪責の問題は自分自身に対して自由で誠実な人間にとって中心的な位置を占める。……ボンヘッファーにとっては、罪責をも伴う責任ある行為を行う権能を委任されていることが大事なのである」(『ヒトラー政権の共犯者、犠牲者、反対者』、五四九頁)。

この市民的勇気が発揮されるべき場所は、極限状況での政治的抵抗に限られません。およそ社会の中で隣人と接する時には常に問われることでしょう。ことに憲法に記された民主主義や基本的人権がしばしば危機にさらされる日本では不断に問われています。侵害される少数者の権利と生活の擁護・回復のため、それが多数の人々の幸福につながることを信じて、連帯を求め孤立を恐れずに歩むこと。ボンヘッファーがキリスト者たる要件として「祈ることと人々の間で正義を行うこと」（『書簡集』、三四六頁）を挙げたことは、深い洞察に基づいています。これこそ彼が願った新たな時代のキリスト者の群れの姿ではないでしょうか。

テートは、ナチ時代の教会が真に問われていたことは、「真理と自由、さらに抑圧されている人びととの連帯というオールタナティヴな世界、すなわち精神と愛の世界が生きていることを証ししたのか」だと述べています（『ヒトラー政権の共犯者、犠牲者、反対者』、六一三頁）。たとえ、教会員自身がのるかそるかの抵抗の局面にいなかったとしても、「ナチ・イデオロギーから距離を置き、あるいは政権への抵抗を決断しようとして、さまざまな労苦をしている人びとのために励ましを与える力としての教会、後ろ盾としての教会」（同所）となることができたか、が問われていたのです。戦時下の日本の教会も同じことが問われていたはずですが、旧組合教会では絶対主義的天皇制に積極的に迎合した記録が目立ちます。安中の柏木義円牧師は輝かしい例外というべきでしょう。しかし、信徒一人一人が自覚的に聖書を読む点でさらに徹底した会衆主義に立つ「無教会キリスト者」の間では、内村鑑三の流れをくむ矢内原忠雄、南原繁らが時流に抗して

「オールタナティヴな世界」を証することができたのです（矢内原忠雄、「国家の理想」、「藤井武記念講演――神の国」、南原繁、「国家と宗教」など参照）。

他者のための人間イエス

ボンヘッファーは獄中でキリストとは「他者のための人間」であるという大胆なキリスト論に到達しました。バルトが起草し、反ナチ抵抗のマグナカルタとなった「バルメン宣言」の第二テーゼには「イエス・キリストによってわれわれは、この世の神なき束縛から脱して、彼の被造物に対する自由な感謝にみちた奉仕へと赴く喜ばしい解放を与えられる」と記されています。その根拠と必然性は、イエス自身が徹底的に「他者のための人間」であることにあるのです。「他者のため」に徹底する人間性は神性に由来するということです。神は「そう信じる者しか救わない、せこい神様」（B'z。示唆に富む歌詞！）ではない。生涯最後の論考「ある書物の草案」でボンヘッファーは発見者の喜びに満たされて、こう表現しています。

イエス・キリストとの出会い。ここですべての人間的存在の逆転が、しかもイエスがただ「他者のために存在する」ということにおいて与えられるという経験。イエスの「他者のための存在」が超越経験なのだ！　ご自身からの自由、死に至るまで「他者のために存在する」ということ。ここから初めて全能・全知・遍在も起因する。信仰とは、このイエスの存在に参与することだ。（受肉・十字架・復活）。神に対するわれわれの関係は「宗教的なもの」ではない。

教会は、他者のために存在する時にのみ教会である。新しく出発をするためには、教会は全財産を窮乏している人々に贈与しなければならない。牧師は、ただ教会員の自由意志による献金によってのみ生活し、場合によってはこの世の職業につかなければならない（『書簡集』、四三八〜四三九頁）。

ここでも、戦後再建されるべきドイツの教会は、宗教改革以来の領邦（州）教会ではなく、信徒によって担われる会衆主義教会が思い描かれていたことをうかがわせます。

秘義保持の規律とか秘義保持の訓練（同、三二三頁、三二九頁、三四六頁）というボンヘッファー特有の思想は、私の受け止めでは、群衆の中にあるキリスト者の群れが、群衆の中に埋没してしまうのではなく、「イエスの存在に参与する」「十字架の神と共に苦しむ」者であり続けることを意味すると思います。「神は困窮の中にいるすべての人間のところに行き、彼のパンをもって体と心を満ちたらせる」という時、このパンが聖餐のパンを強く指し示すのは明らかでしょう。神のパンは体と心を満ちたらせる、なぜなら、それはキリストのからだであり神の言葉だから。神の言葉はキリスト者のためだけにあるではなく、すべての被造物のためにある。それは十字架と復活のキリストとの出会いに基づく「秘義」なのです。しかし同時に、単に儀式をオープンにしただけでは「他者のために存在する」教会になったとは言えない。牧師が熱弁をふるうだけでも十分ではない。信徒一人一人が他者のために神のパンと神の言葉を持ち運ぼうと志す時、初めて聖餐はオープンにされる甲斐がある。

現代アメリカの神学者J・H・ヨーダーは、聖餐の意味をより広く捉えています。「ひとことで言えば、聖餐とは経済的な行為である。共にパンを裂くという行為を正しく行うことは、経済倫理の実践にほかならない」（『社会を動かす礼拝共同体』、五〇～五一頁）。言うまでもなくヨーダーは、世の経済行為が聖餐に入り込むことではなく、主の復活によって刻み込まれた「共にパンを裂く」という教会の倫理が社会生活全般に拡大されることを語っています。世のための教会が、すべての人の体を満ちたらせようとしても、「五つのパンと二匹の魚」しか持ち合わせていないという無力な現実がしばしばあるでしょう。その時は持てるものを分かち合い、教会も貧しくなり、あとは主に委ねるしかありません。無力さに包まれながらも「証を立てる」――私は、その時、何か特別なことが起きるだろうと信じています。無力なら無力なりに、神の言葉によって神の意志を想起させ、政府をすべての人のために配慮するよう促すことも、欠かすことのできない宣教となるでしょう。

素人くさく考え判断する

キリストは私たち一人一人と出会い、私たちの困窮を担い、私たちと共に他者のところへと向かわれる。会衆派は自分たちだけで野外礼拝をするためではなく、主に従って他者のところに向かうために教会堂の外へ出るべきでした。牧師から未受洗者まで、日曜日の礼拝の受け付けからキリストの代理となる行為まで、礼拝堂の掃除から高度な神学的決断まで、キリスト者一人一人の生が大きな愛の御手によって支えられ、他者へのさまざまな奉仕のため召されている――そのような教会には、神の言葉に対して素人くさく考え、自分で判断し、責任を負う人間――ボンヘッファーの言う「成人した人間」――が必要なのです。私は「自分で判断すること」と「素人くささ」こそが会衆主義、ひいてはプロテスタンティズムの核心だと思うのです。ペトロもパウロも他の初代教会の人々も、極めて素人っぽい人々であり、聖書は彼らの平信徒性と折々の誤りを隠すことなく書き残しています。だって会衆は「素人」ですから、少々間違ってもいいんです。

教義や信仰告白や職制は、キリストを離れて独り歩きしてはなりません。三位一体はむろんケルベロスではなく、神が人となり、しかも十字架の死に至るまで人間を愛されるという愛の教義です。三位一体論を奉じながら、その教義を否定する者を焼き殺す人がいるとしたら、その人はイロハのイも理解していないと言わねばなりません。キリストの背後や隣に回り込み、教義を振り回して他者を裁き、教義と真逆のことを行っているのです。教義を理由にした処刑や魔女裁判が今日絶対に許されないことは、素人の目には明らかでしょう。そもそも教会の初めからあってはならないことだったのです。

会衆主義の強みは、キリストに固着する信徒一人一人のシンプルな信仰によって、信仰と行動の不一致、聖職者の強権的支配やご都合主義から比較的自由にされる点だと思われます。その自由さは「素人くさく考え、自分で判断する」信徒（もちろん牧師も）によってもたらされるのではないでしょうか。やや言い古されたことかもしれませんが、会衆派の主体は一人一人の自由な信徒です。その一人一人は、神が十字架の死まで愛し通した対象として、譲り渡されることのない尊厳を持っている。同時に彼らのかたわらには同じ神からの尊厳を与えられた隣人が立っている。会衆派とは――バルトの言葉を思い出してください――「イエスのゆえに――神の国がそのただ中にあるゆえに、人間は本来的・根本的には幸福だ」という事実を互いに確かめ合うために、そして教会の外にいる群衆と分かち合うために、集められた群衆なのだと思います。見落としてならないのは、その組織原理は「たとえ、みんながつまずいても、わたしはつまずきません」（マルコ一四・二九）というペトロのリーダーシップではなく、「（ペトロよ、あなたはつまずく。しかし）わたしはあなたのために、信仰が無くならないように祈った。だから、あなたは立ち直ったら、兄弟たちを力づけてやりなさい」（ルカ二二・三二）というイエスの愛の下にあります。会衆派は英雄的指導者の牽引ではなく、兄弟姉妹の支えあう歩み。会衆派は――というかキリスト教会は――その信徒一人一人が真理を探し求め、互いに確かめ合い、分かち合う点で、本来もっとも深く民主的な組織なのです。後で触れるように、新島襄は組合教会の民主主義が日本の民主主義のルーツになるべきと考えていました。

牧師や神学者の専横・暴走の責任の半分は信徒の怠慢にあります。だから私は「素人は勉強する必要はない。実感と直感だけでいいんだ」とは思いません。素人が正しい判断を下すためには、教会が信徒の不平わがまま集団に陥らないためには、自分は物を知らないと自覚して、たくさん勉強しなければならない。「あなたがたは、何が正しいかを、どうして自分で判断しないのか」（ルカ一二・五七）とは、ほかならぬイエスの言葉です。自分で判断するためには、とにかく最低限のことを知っていなければならないでしょう？　バルトによれば、私たちはイエスの目を通して群衆を、また世を見ることを学ぶよう求められています。それにも増して「はたしてキリストは、私たちにとって何者なのか」（ボンヘッファー）を知らずにいられるでしょうか。その一番の助けになるのは、某経済紙ではないけれど「聖書よく読む」です。さらにバルト、ボンヘッファーを核とする新教出版社の本を読むことが望ましいと、私は思っているのですが……。

真理はあなたたちを自由にする

自由な時代に自由を求めることはたやすいことですが、全体主義や宗教的原理主義の下で自由を求めることには命の危険を伴います。バルトは自由な精神の持ち主であり、ユーモアを絶やすことなく自由な社会のために戦った人です。その戦いの根拠はいったい何だったでしょうか。彼の会衆派へのオマージュを読めばわかるように、彼は会衆派の「自由さ」ではなく、「啓蒙主義に不思議にもより良く抵抗」できた点を評価しています。とかく会衆派といえば自由主義だろうと短絡的に考えがちですが、神学的自由主義と政治的自由主義は、はっきりと別物です。神の言葉に責任を負うものである限り、バルトには政治的自由に反対する理由はありません。彼はカルヴァンの「生徒」を自認しながらも、セルヴェトゥス事件や二重予定説の誤りに、口ごもることなく明確に反対した改革派的神学者でした。前出のバルメン宣言第二テーゼは、キリストへの服従こそが「この世の神なき束縛から脱して、彼の被造物に対する自由な感謝にみちた奉仕へと赴く喜ばしい解放」に導くと教えます。迫害に抗して「彼の被造物」つまり私たちの隣人すべてと生態系のために奉仕する根拠は、彼らのために十字架を負いたもうキリストそのものだ、とバルメン宣言は語るのです。ひるがえって自由主義神学の何が自由かと言えば、聖書に証されたイエス・キリスト（バルト的に言えば「神の言葉」）以外のもの、たとえば民族や国家、天皇や総統、教会の「伝統」、「他の出来事や力、現象や真理」に、神の啓示を見る点で〝自由〟なのであり、往々にして時の権力や支配的風潮のしもべになり下がるのです。その〝自由〟は、「わたしの言葉にとどまるならば……あなたたちは真理を知り、真理はあなたたちを自由にする」（ヨハネ八・三一、三二）という意味での自由ではありません。バルトもボンヘッファーも、自由主義神学がプロテスタント教会の荒廃、ひいてはナチズムの台頭を招いたと考えていました。日本統治下の朝鮮でたいそう悪事を働いた「神道の神学」や、天皇との「四位一体論」といった「新神学」こそが自由主義神学の究極の姿なのです。そのような神学は、隣人のために命をも賭す証を準備しないばかりでなく、日本のキリスト教全般を信用ならぬものにしてしまったのではないでしょうか。

危機の日本基督教団

以上を踏まえて、日本のキリスト教にとって今もっとも大事だと思うことを一つだけ述べます。北村慈郎牧師の戒規免職問題です。その本質は、現代に再現した魔女裁判、アパルトヘイトでしかありません。キリストの在り方から根本的に外れた処分です。以来、教団では、信徒に対する不当な戒規やパワーハラスメントが頻発しています。無法な強権支配が教会をゆがめ各個教会の信徒のレベルまで及びはじめたのです。北村牧師への戒規を見過ごしにすれば、やがて教会そのものが壊れてしまいます。

私はクローズドな聖餐が間違っているとは必ずしも思いません。ただ、聖餐と洗礼との儀式的な結合には聖書的根拠が薄弱です。そんなに大事なことならイエスは直接そう語るでしょう。しかし、イエスは誰にも洗礼を授けず、「わたしの受ける洗礼」はヨハネの水による洗礼とは別のものであることをはっきりと語っています。聖餐と洗礼とは信仰において初めて一つに結ばれるのであって、戒規で強要することは間違いなのです。むしろ、未受洗者に配餐してはならないという発想の底には、芥川龍之介が「蜘蛛の糸」で描いたような、単なるファリサイ主義があるではないかと疑わざるをえないのです。そういう意識で臨む聖餐式では、細い糸が手元でぷっつり切れてしまいそうで、怖いなあと思います。

預言者的な言葉――会衆主義

同志社の創立者・新島襄は、明治二〇年前後の日本基督一致教会（長老主義）と日本組合教会の合同運動に次第に強く反対するようになりました。もともと新島は教派主義に批判的でしたから、この態度は意外に思われるかもしれません。新島の反対論は合同後の教会政治のあり方に集中し、反対の覚書ではこう述べています。

予は望む。我輩の自由主義は我が国一般の自由を存し、自治の精神を養う「泉」となるべきことを。……教会の主権は教会にあらずして遂に「牧師集合体」に帰するに至らば、新発明の自治主義を去り、従来の寡人政府主義に戻ると云わざるべからず。今日の動議となりたる一致論は甚だ面白くあるも、我が邦家千百年の後の世迄自由の泉となるべき「民治衆治主義」を失うの憂いあれば、我は必ずむしろ旗を立て、我が自由の為に戦わざるを得ず（『新島襄教育宗教論集』、二六二頁）。

つまり新島は、単に組合教会という一教派の会衆主義がなくなることを危惧しているのではなく、「我が邦家千百年の後の世」の自由と民治衆治主義のために、まだ見ぬ日本の自由と民主主義のために、会衆主義を守り「むしろ旗」を立てて戦うと言うのです。会衆主義は単なる教会政治の形態なのではなく、国民の自由と民主主義の源泉なのだ――。これは教派主義などではなく、驚くべき預言の言葉と言わねばなりません。

ベートゲの本を読んでいたら、ドイツのプロテスタンティズムにおいて、「会衆主義」は教会の秩序をわきまえない「不名誉な言葉」（『ボンヘッファーの世界』、一二五頁）とみなされていると書いてありました。しかしバルトは一つの教会を、少数の責任を負う主体と、多数だが受動的で間接的にしか責任を負わない主体とに、「中世の図式に従って言えば新しい聖職者階級と新しい平信徒階級とに分け」、教会全体を「教会管理」ととらえる教会観は、改革派の長老制も含めて「途方もなく疑わしい神学概念である」（『教会教義学Ⅳ和解論』第三分冊第四部、一五一頁）と言っています。それは旧組合教会の「牧師―信徒総代―平信徒」システムにも当てはまるでしょう。会衆主義は、コンスタンティヌス体制に寄り掛かった国教会、領邦教会が決定的な行き詰まりを迎えた今日、バルトが言ったように「預言者的な言葉」になりつつあるのかもしれません。ただし、「組織として優れているから会衆主義で行こう」という議論は、ちょっと違うと思うのです。どのような形態の教会も世のための教会となることはできるでしょう。大切なのは組織形態ではなく、信徒一人一人が生き生きとイエスを信じることであり、その時、教会は必然的に会衆主義にならざるをえないと思うのです。

ボンヘッファーは「ただ自己保存のためだけに戦って来たわれわれの教会は、人々のため・世界のための和解と救いの言葉の担い手である力をなくしてしまった」と言います（『書簡集』、三四六頁）。彼にとって、この世にキリストが現にいることは明らかな事柄でした。それを「形而上学と個人的内面性」で飾り立て、特定集団につなぎ止め、「せこい神様」を信じ込ませようとすることが「宗教」なのであり、かえってキリストとの生きた出会いを損なうのです。まず教会こそが方向転換しなくてはならない。その転換はキリストに目を注ぐ限り、難しいことでも破壊的なことでもありません。「そしてその日には、人々は再び神のみ言葉を、世界がそれに打たれて変わり・新しくなるような仕方で語るように召されるだろう。それは新しい語りとなるだろう。おそらく全く非宗教的だが、解放的で人を救う語りに。まるでイエスの語りのように、人々が驚愕しその力で圧倒される語り、新しい正義と真理の語り、神と人との平和と神の国の接近を告げ知らせる語りに」（同所）。その日には牧師だけでなく、素人っぽい会衆の一人一人が語るために召されるのです。

「蟻には首領もなく、指揮官もないが」
（箴言6:7）

あとがき

菅根　信彦

会衆主義教会パンフレット第三巻『会衆主義教会の使命』が刊行されました。発行は同信伝道会常任委員会ですが、編集作業は会衆主義教会研究会の委員があたりました。

会衆主義研究会は二〇〇二年から始まる同信伝道会の改組・機構改革の動きの中で、二〇〇六年十二月に発足した研究委員会です。新しく改組された全国同信伝道会常任委員会のもとに置かれ、同委員会の諮問を受けて、具体的な政策提言する働きを担っています。当初より、後宮敬爾さんを座長に八〜十名の委員と神学部からのメンバーを加えて、京都の同志社大学神学部で年四〜五回のペースで研究委員会を継続しています。同信伝道会の組織改編の提言はもちろんのこと、合同教会である日本基督教団の宣教活動への情勢分析と対応、さらに、会衆主義教会の「自由・自治・独立」の精神を継承する教会・伝道所に招かれている信徒及び教師のアイデンティティーの再構築をはかるための様々な方策を協議しています。

特に、当研究員会の実務の一つとして会衆主義の理解深めるためのパンフレットの作成を定期的に行ってきました。教会の中で信徒と教師が共に教会の歴史的特質を学びつつ、教会形成や宣教論を考えていく一助になればとの願いをもって編集作業を続けています。これまで、『会衆主義教会について――キリストにある自由を生きる群れ――』（二〇〇八年八月十日発行）と『会衆主義教会のあゆみ――キリストと共に進む宣教の展開――』（二〇一〇年八月二十五日発行）の二冊のパンフレットを皆様にお届けしてきました。今回は、同志社大学神学部教授の原誠さん、ラトガーズ大学名誉教授の大林浩さん、札幌北光教会信徒の一條英俊さんの執筆協力を経て、この第三巻を刊行することができました。三人の方々のご協力に心から感謝いたします。また、イラストを担当してくださった春名康範さん、そして、「日本組合基督教会関係教会」の会堂写真を提供してくださった教会の方々にもお礼申し上げます。さらに、製作の相談からこのパンフレットの発行に至るまで尽力くださったキリスト新聞社の担当の方々の働きに感謝いたします。校正・編集作業を中心になって推し進めてくれた協力委員の高田太さんの労を多としたいと思います。一人でも多くの方々に読まれることを願っています。そして、「教理によりて他を排斥せず、信条をもって他を拘束しない」との会衆主義教会の精神を呼び覚ましながら、共々に自由で闊達な教会を形成していきたいと思っています。

1896年〜1906年に創立した
日本組合基督教会関係教会

福知山教会 (1890 年創立：2 号未掲載分)

- 弓町本郷教会
- 札幌北光教会
- 尼崎教会
- 飫肥教会
- 岩見沢教会
- 函館千歳教会
- 日向新生教会
- 近江八幡教会
- 足利教会
- 小樽公園通教会
- 青谷教会
- 長崎馬町教会
- 旭東教会
- 行人坂教会
- 松山古町教会
- 久世教会
- 高屋教会
- 倉敷教会

福知山教会
（1890年創立、2号未掲載分）

弓町本郷教会
（1886年創立、1903年加入）

札幌北光教会

尼崎教会

飫肥教会

岩見沢教会

函館千歳教会

日向新生教会

近江八幡教会

足利教会

小樽公園通教会

青谷教会

長崎馬町教会

旭東教会

行人坂教会

松山古町教会

久世教会

高屋教会

倉敷教会

会衆主義教会パンフレット3

会衆主義教会の使命

キリストに与えられた務めと希望

2016年1月25日　初版発行

著　者　会衆主義教会研究会
　　　　監修　水谷　誠

出版元　同信伝道会常任委員会（事務局）
　　　　〒662-0812　兵庫県西宮市甲東園1-2-15
　　　　日本基督教団 甲東教会内
　　　　電話　0798-51-0454

制　作　キリスト新聞社出版事業課
　　　　〒162-0814　東京都新宿区新小川町9-1
　　　　電話　03-5579-2432

DTP制作　エニウェイ
装　　丁　吉林　優
印　　刷　モリモト印刷

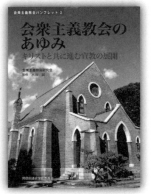

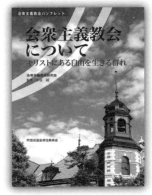

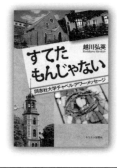